教师教育资源库丛书

- 安徽省高校人文社科重点研究基地2014年重点招标□□□□□□□□□
  践性课程资源库建设研究》研究成果
- 安徽省高等教育2013年、2014年振兴计划重大教学改革研究项目《〈教师专业标准〉
  框架下的教师教育研究》（2013zdjy131）、《师范院校与中小学"无缝对接"教师
  教育模式建构与实践》（2014zdjy099）研究成果
- 安徽省高校人文社科重点研究基地合肥师范学院教师教育研究中心2014年规划项目研
  究成果
- 合肥师范学院质量工程项目《中学美术教学设计与有效教学》课程建设项目
  （2013hxk11）研究成果
- 本书出版得到安徽省基础教育改革与发展协同创新中心资助

美术课
教学设计经典案例研究

主　编　马　晴

副主编　刘晶辉　叶　晔　王　宝

WUHAN UNIVERSITY PRESS
武汉大学出版社

图书在版编目(CIP)数据

美术课教学设计经典案例研究/马晴主编.—武汉:武汉大学出版社,2015.6
(2020.8 重印)
教师教育资源库丛书
ISBN 978-7-307-15820-7

Ⅰ.美…　Ⅱ.马…　Ⅲ.美术课—教学设计—案例—中学
Ⅳ.G633.955.2

中国版本图书馆 CIP 数据核字(2015)第 103148 号

责任编辑:陈　红　　　责任校对:汪欣怡　　　版式设计:马　佳

出版发行:**武汉大学出版社**　　(430072　武昌　珞珈山)
　　　　　(电子邮箱:cbs22@whu.edu.cn 网址:www.wdp.com.cn)
印刷:武汉市宏达盛印务有限公司
开本:787×1092　1/16　印张:11　字数:255 千字　插页:1
版次:2015 年 6 月第 1 版　　2020 年 8 月第 4 次印刷
ISBN 978-7-307-15820-7　　定价:33.00 元

教师教育资源库丛书
编委会名单

总　序

2012 年，为落实教育规划纲要，构建教师专业标准体系，建设高素质专业化教师队伍，教育部研究制定了《幼儿园教师专业标准（试行）》《小学教师专业标准（试行）》、《中学教师专业标准（试行）》（三者以下都简称《专业标准》）和《教师教育课程标准》。

2014 年教师节前夕，习总书记在同北京师范大学师生座谈时指出，百年大计，教育为本；教育大计，教师为本。努力培养造就一大批一流教师，不断提高教师队伍整体素质，是当前和今后一段时间我国教育事业发展的紧迫任务。一流教师是有理想信念、道德情操、扎实学识、仁爱之心的教师。为了培养造就一流教师，我们要建设高质量、公平、开放、灵活、一体化和专业化的教师教育体系，加大对师范院校支持力度，找准教师资格制度、教师教育课程、师范生实践能力培养等教师教育改革的突破口和着力点，不断提高教师培养培训专业化水平。

面对"以能力培养为导向"的教师教育需求，《教师教育资源库丛书》陆续面世了，丛书是由安徽省高校人文社科重点研究基地合肥师范学院教师教育研究中心组编的，是2013 年、2014 年安徽省振兴计划重点教研课题、省级研究基地重点招标课题和基地规划课题的研究成果，是教师教育研究中心与校教务处、学科教学论教研室、教师教育学院部分教师通力合作、认真研究的成果，也是学校在教师教育研究中第一次出现的多部门、跨学科协同研究，至此感谢一群志同道合的研究者们。值得欣慰的是，此套丛书的问世或许能够更好地突出学校师范教育悠久的历史和优势，更好地彰显学校的办学定位："师范性、应用型"，更好地服务于在我国即将开始的"全面启动实施卓越教师培养计划"（2014 年 8 月，教育部颁布了《关于实施卓越教师培养计划的意见》[2014] 5 号），更好地服务于职前职后基础教育教师的培养培训。

第一批出版的丛书由 11 本既相对独立又相互关联的分册组成。它们是：姜悉的《语文课教学设计经典案例研究》、张新全的《数学课教学设计经典案例研究》、蒋道华的《英语课教学设计经典案例研究》、王从戎的《物理课教学设计经典案例研究》、姚如富的《化学课教学设计经典案例研究》、傅文茹的《思想品德课教学设计经典案例研究》、梁占歌的《体育与健康课教学设计经典案例研究》、马晴的《美术课教学设计经典案例研究》、汪昌华的《先学后教课堂教学模式典型教学课例研究》、李继秀的《中小学回溯——以成长的故事感悟教师》、翟莉的《优秀教师成长案例及教育故事研究》。有的分册实行双主编制，一部分来自高师院校长期从事学科教学论研究和教育理论研究的教师，另一部分来自基础教育一线的教研员或优秀教师。丛书的立足点是基于教师专业标准、教师教育课程标准、符合基础教育课程改革特质，旨在实现理论与实践的结合、高师院校与基础教育学校的结合，使我们正在培养的未来教师能够最直接、最具体、最真实地感受到基础教育学校经常发生的事，感受教师这个职业所需要的专业理念与师德——职业理解与认识、对待学生的态度与行为、教育教学的态度与行为、个人修养与行为，所需要的专业知识——学生发展知识、学科知识、教育教学知识、通识性知识、教育教学设计知识，以及所需要的专业能力——教学组织与实施能力、激励与评价能力、沟通与整合能力、反思与发展能力。也希望未来的教师们形成理论联系实际的思维和习惯，在离开母校后既能规范熟练地掌握教育教学技能，又能保持对理论的兴趣，穿行于理论与实践之中，形成难能可贵的教师思维，获得持续的专业成长力。

《语文课教学设计经典案例研究》、《数学课教学设计经典案例研究》、《英语课教学设计经典案例研究》、《思想品德课教学设计经典案例研究》、《体育与健康课教学设计经典案例研究》、《美术课教学设计经典案例研究》、《化学课教学设计经典案例研究》、《物理课教学设计经典案例研究》每本书20万字左右，分两部分。第一部分是理论分析。阐释现代学习理论、教学理论指导下的各学科教学设计所必需掌握的中小学课程改革理念、课程标准、教师专业标准、教学设计的要求，为学科教学设计铺垫学理基础。第二部分是经典教学设计案例及点评。每学科选取20个省内外名师和近年来获得省（市）级以上教学大赛一等奖的教学设计经典案例进行分析研究，案例以初中为主，兼顾小学。各学科教学设计在内容上兼顾不同题材的教学案例，如：语文教学是以阅读教学为主，兼顾拼音教学、识字写字教学、写作教学、口语交际教学等。选择的案例以人教版和苏教版为主，案例点评力图以简约的形式对该教学设计的内容、格式、特色等进行梳理，为读者学习、模仿指明路径。之后我们将继续推出生物、历史、地理、音乐学科的教学设计经典案例研究，以覆盖中小学各学科，成为师范类各专业学生教学设计技能培养时的指定教材、必读案例。

《先学后教课堂教学模式典型教学课例研究》一书对中小学课堂教学经典案例进行编写与评析，是一本关于师范院校教学论与学科教学法课程的辅助教材。在对教学模式基本理论进行研究的基础上，在理论研究的导引下，对先学后教（或以学定教）教学模式进行了学科化的实践探索。建立主干学科语文、数学、英语、政治学科主要内容领域的先学后教教学模式典型课例（教案），也就是目前在全省很多学校推行的学案。通过主干学科课堂教学模式的典型课例研究，推进教学改革，建立"减负增效，高效课堂"，实施素质教育，提高教师对基础教育课程改革的适应性。

《中小学回溯——以成长的故事感悟教师》由100多篇短文构成。短文是从我校教师教育学院、中文、英语、数学、物理、化学、生物、体育、美术、音乐等教师教育专业学生作品中精心挑选出来的。文中学生用自己的成长经历，结合所学的教育理论，讲述了自己的故事，感悟教师职业，他们深深体会到"将来我会像我老师那样……"、"将来我不能像我老师那样……"、"教师的一句话、一个点头、一个微笑……终生难忘……改变我的一生……"。其文字朴实，字里行间体现出学生的真情实感。每篇学生的作品都配有教育学、心理学专家的精彩点评。

《优秀教师成长案例及教育故事研究》精选了教师教书育人和自我专业发展过程中具有真实性、典型性和启发性的故事和案例。其中有我校杰出校友的故事和案例4例。教育案例是连接教育理论和教育实践之间的桥梁，能够让师范生在真实生动的教育实践中领悟抽象的教育理论，感悟教育情境、培养教育信念、习得教育智慧，学会像专家型教师那样思考教育问题、规划教师的自我成长。

书稿也是建立在对教师培养规律研究基础上的。如果把教师发展阶段分为"培养、任用、培训"三个阶段，那么高师学生属于"培养"阶段，这个阶段关于未来教师角色是模糊的印象。庞大、复杂的教育理论对于师范生来说是抽象的，没有同化吸收的"根基"，难以建立起有效的知识体系，更谈不上应用。到了实习阶段，他们开始关注自己的能力，诸如怎样当教师？怎样做班主任？如何走向讲台？教什么？怎么教？甚至直接关注自己未来的职业竞争力，就业应聘能力等问题。此时的师范生进入快速"专业成长期"，整个学习生活发生了重大变化：从只关心专业学科知识到关注中小学教材；从关心教材内容到熟悉课标、把握教材重点、难点；从关注学的方法到关注教的方法；从书本知识到教案的内容；从自己懂到学生懂；从知识技能到过程方法、情感态度价值观；从理论到经验、生活、动手实践；从知识本位到学生本位；从结果到过程；从只关注如何在有限的时间内把知识讲完、是否能控制课堂、是否能被学生接受、受学生欢迎、自己课堂上的表现到关注把内容讲深、讲透、讲活、关注教学情景的创设、教学活动的设计、关注学生的主动主体、参与互动等。虽然这些要求、环节要在"培养、任用、培训"几个阶段有重点地逐步实现，但是对于高师生来说，这个过程来得很快，脚步急促。因为只要走上讲台，只要扮演起教师的角色，就要像个教师的样子，就希望自己成功、有效、优秀。

《教师教育资源库丛书》将有效地帮助高师学生将"模糊"的教师形象逐渐清晰起来；寻找到教育理论学习的"根基"，建立起理论联系实践的桥梁；在模仿与感悟中快速入轨，形成教师必备的专业信念与理想、知识与能力，形成职业竞争力和就业应聘能力。

本丛书满足我国基础教育改革对教师培养、培训的要求，适应中小学教师专业标准下的高等师范院校教师教育课程改革的需要。

本丛书在写作过程中参考、引用了国内外有关研究成果和文献资料，在此对这些著作权人和作者表示敬意和感谢。

本丛书得到了省教育科学研究院学科教研员的审阅，在此表示感谢。

由于我们水平的限制，本书的不足和问题一定存在，敬请各位同仁和读者提出宝贵意见和建议。

2015 年 5 月

自　序

　　中国改革开放30多年来，美育作为教育方针逐渐被人们认识和关注。随着时代的发展，基础美术教育作为素质教育的重要组成部分日益受到重视，越来越多的人认识到美术在促进人的心智全面发展上具有的独特作用。尽管基础美术教育在中华人民共和国成立后经历了一次次的变革，从简单的"图画课"变成了形式更为丰富内容涵盖更广的"美术课"，但我国中小学美术教育与世界发达国家相比还存在着一定的距离。例如，过于强调学科中心，注重美术专业知识和技能的学习，忽略了美术与学生生活经验的关系，学生的学习兴趣和欲望不足；整个社会对美术教育的观念相对滞后，学校美术课程缺乏综合性和多样性，不能体现美术教育的特有魅力，难以真正实现美育在素质教育中的作用。随着科技的进步和信息时代的到来，美术学科自身发生着前所未有的变化，不但出现了新的艺术门类和形式，各艺术门类之间的壁垒逐渐被打破，艺术与社会也彼此联系，互相融通。这些发展变化，促使中国的美术教育必然要进行一场空前的变革，只有通过课程改革，才能使美术教育适应素质教育的要求，促使美术教育在我国基础教育体系中发挥更积极的作用。

　　美术课程改革是基础教育改革的任务之一，制定新的美术课程标准，是美术课程改革的重要内容和改革成功的关键。2001年7月，教育部颁布了《全日制义务教育美术课程标准（实验稿）》，力求体现素质教育的要求，把美术学科作为人文学科来看待，强调运用美术形式传递情感和思想，使学生共享人类社会的文化资源，积极参与文化的传承。课程类型的划分也区别于传统的美术门类（如：绘画、工艺、欣赏）等，而是以学生的美术学习方式来划分四个学习领域，即"造型·表现、设计·应用、欣赏·评述、综合·探索"。同时，《全日制义务教育美术课程标准（实验稿）》还加强了美术学习活动的综合性和探索性，强调美术学习领域之间、美术与其他学科、美术与现实社会等方面相综合的活动，注重美术课程与学生生活经验紧密关联，强调知识和技能在帮助学生美化生活方面的作用，大大提高学生的学习兴趣和运用美术的能力。在美术课程的学习方式上，更加强调学生的主体地位，提倡探究性的学习以及自主性和合作性的学习，鼓励学生自评、互评，提倡采用多种方式评价学生的美术作业，特别注重对学生美术活动表现的过程性评价。

　　随着国家教育改革的深化，经过十年的实践，《义务教育美术课程标准（2011年版）》正式颁布，中小学美术教育改革的成果也初步展现，同时对教师们也提出了新的要求。美术教师的培养是我国美术教育的生命线，其培养质量的高低决定了美术教育的建设和发展。但是，师范美术教育总是滞后于美术基础教育变革，在高师教学实际中，这种情况还是相当严重的，很多人还是存在"只要会画画就能当美术教师"的落后认识，很少关注基础美术教育的内容和形式，课程设置依然存在"重艺术技法、轻教学技能"、"重艺术理论、轻教学理论"的情况。特别是在美术教师职业技能的训练和培养上缺失明显，即便是学习了新课改的理念，了解了改革后的美术教育教学现状，也很难将这些自然而然地转化为教学设计与教学行为。美术教师的成长，需要课堂教学历练而带来的转化，这种质的变化需要在不断的学习和训练中逐步实现，更需要一个明确的指引和方向，一本能超脱过于理论化的教学论、针对具体教学实践的参考书或是教材。

《美术课教学设计经典案例研究》一书就是在这样一个背景下诞生的，属于安徽省高等学校人文社会科学重点研究基地合肥师范学院教师教育研究中心《教师教育资源库丛书》的美术学科部分。

本书主要分为两个部分：第一部分以新课标对美术课堂教学的要求为依据，阐述了美术教学设计基本概念、教学设计的类型等理论内容；第二部分主要是根据《义务教育美术课程标准（2011 年版）》和高中美术课程改革的要求及基本理念，针对美术教学设计的具体实践要求，收集、整理了 15 篇优秀的美术课程教学设计案例。案例具体组成结构包括设计思路、教学分析、教学目标、教学策略与手段、教学过程、作业评价等内容，并附有案例评析。

结合新课改以来的美术课程教学实施的实际情况，本书中的案例涵盖义务教育阶段美术课程四个学习领域以及高中最具代表性的美术鉴赏课程，既体现经济发达、教育资源优厚的城市的先进美术教育成果，又有广大县区及当代农村优秀美术课程案例。这些优秀案例贴近广大教师的教学实践，所有案例均出自教学一线的美术教师之手，体现他们对新课程理念的深刻理解和运用。部分获奖教案更是他们在日常教学中经过多次打磨加工的成功案例，他们在充分发挥新课程教学资源的基础上，充分结合地区和资源优势，勇于突破创新，教学成效突出。每个教学案例后都附有针对性的点评，辅助广大读者体会和理解案例的精华所在。案例的点评既是点评者对具体课程实践理论意义的剖析，也是对其美术教学实践经验的总结和肯定，同时提出一些个人的见解和想法，对广大师范在读生的技能学习和教师个人技能研修具有很重要的借鉴意义。本书既可以作为美术师范生的学习教材也可以成为广大美术教师的一本非常实用的参考书。

本书中的教学案例由刘晶辉、叶晔、王宝等老师收集整理，提供案例的老师有：沈立鲲、王勇军、叶晔、石雪丽、商艳、刘梦云、方星、贺弯飞、周姣姣、王宝、李娟、高巧银、王颖、杨兆永，在此对以上老师的无私支持和帮助表示最真挚的谢意。同时，对书中存在的教学设计理论阐述的疏漏以及教学案例评价的不成熟、不完善之处，欢迎各位读者和老师们提出宝贵意见，以便今后修订。

马　晴

2015 年 5 月

目　　录

第一部分　教学设计与准备

第一章　美术教学设计概述

第一节　教学设计的概念及基本理念

一、教学设计的概念

教学设计（Instructional Design）的概念于 20 世纪 70 年代在美国诞生，它是以现代传播学、信息论、学习论、教学媒体论等相关学科的观点和方法，结合教师自身的教学观念、经验、风格，依据教学对象的特点，确立教学目标，合理安排各种教学要素，设计分析和解决教学问题的步骤而制订的系统实施方案。简而言之，教学设计是指教师为达成一定的教学目标，对教学要素及其活动进行系统的规划、安排与决策，是教学思路、指导思想、教学目标等的宏观上的思路。它是以促进学习者的学习为根本目的，以学习理论与教学理论的基本原理为指导，运用系统论的方法，对教学目标、教学内容、教学方法、教学策略和教学评价等环节做出的具体计划。现代的教学设计更加强调运用科学的方法论，合理设计教学目标，运用适当的教学方法和策略，形成体现教师个人教学风采的教学研究成果。

（一）教学设计与教案

教学设计与教案二者很相似，常常被混淆，但其实它们不是同一概念，既有区别又有联系。教学设计需要对教与学的各个方面进行系统分析，依据具体学情提出教学方案，选择或制作媒体，并不断修正方案。因此，教学设计是一个动态过程，它能凸显教师的主观意识和创造性，是一个带有变量的动态过程，同时还意味着，一个教师对教学设计的理解是没有终点的，是不断修改完善的过程。教学设计对教师来说，有一定的自由度，但必须遵循一定的模式，需要按照既定的环节流程来进行，这些模式大多用流程图的线性程序来表现。然而，教学要素之间的关系却是非线性的，是相互影响、相互补充和牵制的。

教案是教师为顺利而有效地开展教学活动，以课时为单位设计的实际教学方案，是教师根据学科课程标准和教科书的要求及学生的实际情况，以课时为单位，依据具体课题，对教学内容、教学步骤、教学方法等进行具体设计和安排的一种实用性教学文书。因为针对具体课时设计，所以，教案通常又叫课时教学设计，其内容主要包括教材简析和学生分析、教学目的、重难点、教学准备、教学过程及练习设计等，是面向课堂层次的教学设计，是教学设计指导教学过程的具体体现（详见本书"第三章 美术教学设计"）。

总的来说，教学设计相较于教案是更为宏观的概念，教学设计一般包括学期教学计划设计、单元教学计划设计和课时教学计划设计三部分，它将整体的教学任务逐级落实到每一节课中。教案一般指的是课时教学设计，是教学设计在一节或几节课中的具体安排。

（二）教学设计与教学案例

另一个与教学设计类似的名词是"教学案例"。教学案例也称为教学实例，是教师运用教案实施教学设计的具体过程记录，是从教育教学实践活动中总结出来的实例。教学案例是对一个典型的教育事件的记述，包含具体情境的介绍和描述，是教师的一个具有代表性的教育实践过程。

而在此基础上进行的教学案例研究，就是把教育教学过程中发生的这样或那样的事件用第一人称或第三人称叙述的方式表现出来，经过一定的思维加工形成典型案例供大家分享，并由此进行分析、研究、探讨的一系列思维加工过程，也是教师重新认识教育事件、整理思维、更新自己的教育教学理念的过程。教学案例研究还包含一定的理论思考和对实际教学问题的反思以及对解决这些问题的方法和技巧的探讨，具有典型价值和借鉴意义。

教学案例研究不仅仅是教学行为记叙，还有伴随教学行为而产生的情感，思考及感悟，能直观反映教师在教学活动中遇到的问题、矛盾、困惑以及由此而产生的想法、思路、对策等。它既有具体的情节、过程，真实感人，又从教育理论、教学方法、教学艺术的高度进行归纳、总结，悟出其中的育人真谛，给人以启迪（详见案例一）。

总的来说，教学设计是教师实施教学行为之前设计的教学思路，是准备实施的教学方案的阐述，教学案例则是对已经发生的教学过程的记录和反思，一个写在教之前，一个录在教之后。

🦉 **【案例】**

《冰棒棍玩具》教学案例研究
安徽省淮南市田家庵区第十八小学　　沈立鲲

案例背景

《冰棒棍玩具》选自人民美术出版社义务课程标准实验教科书《美术》第五册第三课，适合小学三年级的学生学习，本课是属于"设计·应用"领域的美术课程。首先，我对三年级学生的学情做了了解，通过了解，我知道现在面临的教学现状是：学生虽然对教学内容感兴趣，但由于准备学习材料的习惯没有养成，往往因为材料准备不齐，无法完成教学内容，就更体验不到美术制作的乐趣和成功感，大部分学生学习美术兴趣不浓厚，给教学的实施带来了难度。如何才能让学生顺利地完成教学内容？如何让学生在准备材料的环节上化被动为主动？如何让学生在美术活动中体验到美术学习的乐趣，欣赏到美，享受到成功带来的喜悦？带着这些问题，我在上《冰棒棍玩具》一课时，展开了积极的探索，带领学生开展了一系列的美术教学活动。

案例实施过程

一、引导和监督学生按时准备学习材料

美术学习材料是现在美术课实施的必要条件之一。《冰棒棍玩具》这一课最关键的学习材料就是要有足够的冰棒棍或一些类似冰棒棍的替代物。虽然冰棒棍是很普通的材料，但如果按照正常的课程顺序来上这一课，这一课在十月上中旬才能上，到了那时，大部分地方天气不允许人们去吃冰棒，那时这小小的冰棒棍就成了很难准备的材料了。

图 1-1

于是在九月开学的第一节美术课结束前五分钟，我首先向同学们展示了我用冰棒棍制作的一个非常精美的玩具鸟（见图1-1），我一边玩一边请同学们猜它是什么材料制作的。看到精美的玩具鸟在我的手里动来动去，同学们都被玩具深深吸引了，可是他们不敢肯定是什么材料制作的。最后我请了一位同学到前面仔细看了一下，那位同学看了后告诉大家："是冰棒棍做的！"下面的同学还将信将疑，于是我又拿了一个没有处理过的冰棒棍和玩具上的冰棒棍合在了一起，这时，下面的同学几乎同时"啊！"了一声，我看到同学们都兴奋起来了，接着就对同学们说："这只鸟就是用冰棒棍做的，而且很容易做，你们想不想也做一个类似的玩具呀？"同学们异口同声地回答："想！"看到同学们的学习兴趣已经被调动起来了，接着我说："那你们就回去多收集冰棒棍吧！"由于是九月初，还是吃冰棒的季节，当时我就看到课堂上有的同学已经手举着冰棒棍了。

我紧接着又启发同学们思考"除了冰棒棍，还有什么材料也能做出这样的玩具呢？"以引导同学们准备不同的学习材料。要想让同学们主动准备学习材料，首先要让他们对教学内容感兴趣。在随后的几节课中，我每次都提醒同学们准备好《冰棒棍玩具》一课中所需要的各种材料。最后在上《冰棒棍玩具》时，同学们几乎都准备了足够的学习材料，除了装饰材料和冰棒棍外，还有饮料吸管（见图1-2）、裁剪成条的硬纸板和三合板（见图1-3），有的同学把家里的可伸缩衣架都拿来了（见图1-4）。通过实物制作玩具的演示可以增强学生的学习兴趣，让他们主动去准备学习材料。

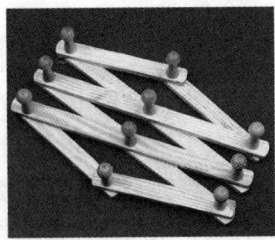

图 1-2　　　　　　　　图 1-3　　　　图 1-4

二、引导和启发学生多样性的制作方法

面对着同学们带来的这么丰富的材料，我深知孩子们对这一课的期望。在讲到冰棒棍玩具的运动原理时，我直接用那位同学带的可伸缩衣架进行演示，同学们一看就明白了。

冰棒棍玩具制作成功的关键还有两点，一是冰棒棍的连接要紧而不死；二是骨架设计的合理性。在解决如何连接时，我准备了连接较松的和连接太紧的两个冰棒玩具，分别请两位同学上来演示，结果同学们很容易就发现一个太紧，动不了，另一个太松，撑不起来。他们从中知道了应该怎样连接才合适。接着我就给他们看了教材配套教学课件中的制作连接方法（见图1-5）。看了后，我问："你们还会其他的连接方法吗？"有的同学说可以用螺丝，有的认为可以用线绳，有的同学说可以用细铁丝。我对他们的回答都作了肯定，并鼓励他们去尝试，提醒他们制作时要注意安全。在如何解决冰棒棍玩具的骨架设计时，我展示了课件中的骨架结构（见图1-6），同学们一看就一目了然了。在连接骨架的过程中，还有一个容易被忽视的问题，就是冰棒棍的上下摆放也有规律，如果摆得不合适，制作出的玩具就没有办法活动了。

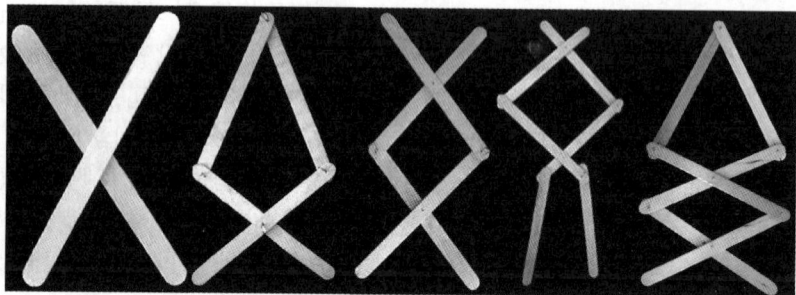

图 1-5   图 1-6

我拿出了一个制作好的上下摆放错误的骨架，请了一位同学上来演示，结果那位同学怎么都不能使它活动起来。下面的同学感到很疑惑，我说："这个骨架动不了的原因是冰棒棍的上下摆放不合适，我把这两根冰棒棍上下换一下，你们看就能活动自如了！"在讲述的同时我把其中错误的摆放纠正了过来。同学们通过观察知道了制作骨架时要注意什么，并且在实践过程中，呈现了连接方法和骨架样式的多样性。在下课前我又强调："回家后一定要完成可以活动的骨架，也可以和家里人一起来完成骨架的制作。另外还要设计一下你要做什么东西，并且把绘画用的彩色工具、彩纸、胶等装饰工具都带来。"

三、设计装饰出生动有趣的作品

经过了一节课和回家后的制作，几乎每个同学都制作了符合要求的骨架。大部分同学是用冰棒棍通过大头针连接制作的骨架，也有用吸管制作的透明骨架，还有用三合板做的大的骨架，用线绳连接的骨架也很牢，骨架种类和样式五花八门。

完成作品还有一个重要的要素就是设计装饰。教学课件为我们提供了较为丰富的参考资料，有鸟，有鱼，有公主，有小丑，有舞蹈，有比赛，我边放课件边让同学们说出作品的设计思路和装饰方法，有时我加以补充和拓展。孩子们都被课件中的作品迷住了。看着孩子们睁大的眼睛，我问："你们想做一个什么样的玩具，你们准备怎样做？大家一起商量一下好吗？"教室里马上就沸腾了。每位学生都有想法，都在和同学们交流着。我也马上参与到他们中间，和他们讨论起来。几分钟后，我又请了几位同学简单说了一下他们的想法。这时候，同学们都迫不及待地想制作了，看着同学们都跃跃欲试的样子，我装作急切地说："看你们说得那么好，我都想看看你们做出来是什么样子了！同学们还等什么？快开始吧！"教室里顿时变得只能听到制作的声音了，随着一件件精美有趣的作品出现在同学们的手中，我看到了学生们脸上的喜悦和兴奋。在快下课时，我拿着几件学生们的作品（见图1-7）做了小结："要不是亲眼看到，我都不敢相信这是你们制作的作品，简直太精美了！还有同学没有完成，希望回家后继续完成，下节课老师设计好舞台，让我们在舞台上展示一下我们的作品。最好能几个人合作编个短剧，同学们回家可要认真准备和练习呀！"

图 1-7

四、欣赏展示作品　体验成功乐趣

第三节课，当我走进教室时，教师最希望看到的学习场景出现在我面前，几乎每位学生面前都有制作好的冰棒棍玩具。我提前已经设计好了学生展示的舞台，舞台设计实际很简单，只是在学生表演场地的前面支撑一块可以挡住学生的布就可以了，我在不同的班级分别设计了两个不同的场景，一个是在学校的游乐园（见图1-8和图1-9），把布搭在单杠上；一个就是在教室的讲台上（见图1-10和图1-11）。虽然舞台是如此简单，可孩子们还是无比兴奋，这是他们从来没有经历过的。为了达到更好的表演效果，起到更好的欣赏评价作用，我提出了纪律要求："当一位同学在表演时，其他同学必须认真观看表演，不许

图 1-8

图 1-9

图 1-10

图 1-11

讲话，表演的同学要充分展示自己的作品，如有配音，声音要大，每组表演的时间不要太长，以便每位学生都有展示机会。"有了纪律约束，表演就变得有条理了。幕布后表演的孩子高举双手，兴奋地演着，高兴地说着、唱着，幕布前的孩子们聚精会神地看着，愉快地笑着。此时，教师扮演主持者的身份引导课堂，把讲台让给了学生，表演与教学内容紧密连接，让学生在表演展示的过程中愉快地学习。

案例反思

我国早在 1992 年颁布的美术教学大纲规定小学美术教学内容大体比例为：绘画占 45%~50%，工艺占 35%~40%，欣赏占 15%，这种分法有利于体现美术学科知识、技能的系统性，但不符合当今孩子的学习需求。美术课程标准是以教学活动方式来设立学习领域的。本课是属于"设计·应用"学习领域，这类课程在美术教材中占有很大比例，要求把内容和学生的学习兴趣有机联系起来。《义务教育美术课程标准（2011 年版）》在小学第二学段（3~4 年级）的"设计·应用"学习领域中提出了这样的阶段目标："尝试从形状与用途的关系，认识设计和工艺的造型、色彩、媒材，学习对比与和谐、对称与均衡等形式原理，用手绘草图或立体制作的方法表现设计构想，感受设计和工艺与其他美术活动的区别。"这种变化对现在的美术教学提出了要求，不仅体现在教学方式的改变，同时还体现在学习材料的多样化、评价方式的多元化等诸多方面。

在美术课程中增加学生活动，对学生来说，可能会更感兴趣，更加符合他们的学习方式。而对于教师和教学课堂来说就会遇到很多问题。首先是活动场地的问题；其次就是学生在活动时容易混乱，表演和游戏往往使课堂失去控制；最后，学生上这样的制作活动课往往会因为工具准备不全而无法进行下去。

在上《冰棒棍玩具》的过程中，我通过不断实践、总结，找到了一些解决问题的办法。之后我又在人民美术出版社义务课程标准实验教科书《美术》中的《面具》（见图 1-12）、《爬升玩具》（见图 1-13）和《各种各样的鞋》（见图 1-14）等课中作了更为深入的实践和探索。结果发现，任何场地都可以作为学生活动和表演的舞台（见图 1-15）、展示的天地（见图 1-16），关键是教师要善于动脑，勤于设计一些活动场地（见图 1-17）。只要学生对教学内容有兴趣，应该很愿意听老师的安排，很乐于展示自己的作品。现在的美术活动课的设计制作除了使用一些基本的剪刀、胶棒、彩纸以外，大部分学习材料是生活中的废弃物。开始时还有同学不带材料，但在学生逐渐感受到活动的乐趣和成功的体验后，学生就会自觉主动地去准备材料，很多时候是学生早在上课之前就准备好了材料。

图 1-12

图 1-13

图 1-14

图 1-15

图 1-16

图 1-17

美术活动作为美术课的评价环节可以更好地完成美术教学任务。这比上课只拿学生的作业点评好，那个更有创意来得更直接。由于有游戏，有表演，有展示，每位学生都会想方设法地使自己的作品更美、更有创意、更富有艺术感染力。喜爱游戏是孩子的天性，用游戏的方式激发孩子的学习兴趣，是我们美术教学常用的方式。这样在不知不觉中，美术课上所要完成的教学目标都成了孩子自觉探索的方向了。

通过课堂实践和探索，我发现孩子们学习美术的兴趣大大增强了。但我还感到存在着一些问题，比如：在提高了学生游戏表演兴趣的同时，如何更有效地达到欣赏和评价的效果？对于一些一直不准备学习材料的孩子怎么去引导？带着这些问题我将会继续实践和探讨。

二、美术教学设计的依据

教学设计是一项复杂的工作，成功的教学设计必须综合考虑多方面的因素，教师也要具备相应的理论知识。一般来说，教学设计的依据主要有以下几方面：

（一）依据现代教育理论

教育理论的指导是教学设计由经验层次上升到理性、科学层次的一个基本前提。常见的教育理论有教育学、教学论以及针对教学策略、教学方法的系列论著等。现代教学理论是对教学规律的客观总结和反映，依据科学的教学理论和学习理论设计教学活动，实际上就是要求教学设计的方案和措施要符合教学规律。育人为目标的教育活动，不是教师个人的随意表演，要求做到"有章可循、有法可依"。在教学实践中，刚刚从事教学工作的教师，或是因为经验的缺乏而难于将教学理论应用于教学实践；或是因为初生牛犊的兴奋而忽略教学理论的指导意义，在课堂教学中往往随意发挥，从而影响了课堂教学质量。即使是有些有经验的教师，如果轻视系统的理论指导，教学时局限于经验化处理，教学效果也不会理想。教师的教育活动最重要的关键在于如何有效地教学，而现代教育理论的指导是提高教学实效性的基础保障，这种指导可以是宏观的也可以是具体的。因此，教师只有自觉运用科学的理论指导教学设计，才有可能使教学摆脱狭隘的经验主义窠臼，才有条件谈论教学效果的最优化问题。

（二）依据系统论原理与方法

系统论原理要求研究者在研究事物的过程中，把研究对象放在系统中，从系统和要素、要素和要素之间的相互联系和相互作用的关系中综合地、精确地考察对象，从而取得解决问题的最佳效果。系统，是指由若干相互联系、相互作用的部分组成，在一定环境中具有特定功能的有机整体。组成系统的各个部分，被称为要素、单元或子系统。教学活动本身就是一个由多种教学要素构成的复杂系统，包含教师、学生、教材、学校、社会等各种因素。而各个教学要素又有各自的作用，彼此间存在着密切的联系，可谓"牵一发而动全身"。

系统论抛弃了静态、片面分析的研究方法，而把重点放在分析客体的整体属性上，放在其动态的多种多样的联系和结构上。系统论作为一种新的思维方法，有着与传统思维不同的特征，即：注重事物的整体性；注重研究事物的内部结构及联系；把世界看成是相互联系而又不断变化的，强调系统的开放性与动态性。

依据系统论原理，将教学中的各类因素看成相互关联的整体，而每个因素的变化都会或多或少地影响教育成果。所以，运用系统论的方法分析课堂教学系统中各因素的地位和作用，使各因素得到最紧密、最佳的组合，从而优化教学"程序"，是教学设计的一个基本特征，同时也是教学设计成功的关键所在。因此，在实际的教学设计过程中，教学设计者应自觉遵循系统论的基本原理，以系统论方法为指导，综合考量各个教学因素和环节，达到最为合理的教学效果，不断提高教学设计的水平。

（三）依据学科知识的特点

任何课程的教学都要依据其学科知识的基本范畴和内在结构的特征，进行科学的设计和有效的传播。以此为基础，传播的知识信息才具有系统性、整体性。所谓"各行如隔山"，随着科技的进步和时代的发展，学科知识体系的划分也越来越细致，即便是同一学科的不同研究方向也都壁垒分明。同样，在现代社会的学校教育中，一般不会出现跨学科教学的情况，因为每个学科的知识体系都十分庞大，学习方式和思维重点都不尽相同，每个学科的教学也有着自己的特征和核心知识，所以，教师的教学都必须"术业有专攻"。例如，美术学科的知识架构包括技法知识和理论知识两部分。美术本身就是一个实践的过程，既包含对美术技法的知识理解又包含操作技能的运用。在教学中，要合理地设计此内容，注重对技法要领的掌握，也要避免将美术课变成纯粹的技能练习课。美术学科的理论内容丰富，在教学中都有所涉及，包括美术原理、美术技法理论、美术创作理论、美术鉴赏理论等。教师无论上何种美术课程，都应该认真梳理和筛选该课程的学科理论，按照理论知识和技法知识的传播原理设计教学。举例来说，同样是实践性课程的化学实验课和美术绘画课，在实践技能的学习中，化学课强调的是一丝不苟的准确和规范，甚至教师可以手把手地教学生一步不差地对照课本操作，学生操作的规范性和准确性就是教师教学的成功；而美术绘画技法则强调学生的自我表现和创新意识，如果美术课程教学的结果是全班画出一模一样的东西，可谓教师的最大失败。

（四）依据教学的实际需要

从根本上讲，教学设计的全部意义就在于满足教学活动的实际需要，在于为实现这种需要提供最优的行动方案，这体现在具体的教学过程中，体现在教学活动的实际需要中，体现在教学的任务和目标中。教师在进行教学设计时，应首先明确教学任务和教学目标，并对它们进行认真的分析、分解，使之成为可操作的具体要求，在此基础上，综合考虑各种教学因素，设计教学措施和评价手段，发挥其应有的作用。教学的学时有限，课程内容需要预先制订的一个工作方案。新课改后诞生的课程标准对教材内容、学习者的特点、学习内容、教学条件及教学系统组成特点诸因素都有具体的要求。教学设计就是依据现代教学理论，统筹全局，精心构造和选择具体方案的过程。教学要满足实际的需要，不能"贪多求快"，要依据课程标准制定教学目标，合理安排各环节所涉及的具体知识与方法，理解每一环节的局部教学过程与整体教学目标的联系。针对教学设计，教师主要思考如何实现本课的教学目标，依据自身特点、学生学情、教学环境和条件等因素综合考量，不要人为地给自己和学生设置那些"看上去很美"却难以完成的任务。

（五）依据学生的特点

现代教育背景下的教学设计，其基本特征之一就是它既关心教师"教"，又关心学生"学"。教学是教师和学生共同活动的过程，教师的"教"是为了学生的"学"，"学"是"教"的依据和出发点，教育必须通过学生积极主动地学才能起到有效作用。美术学科的教学中，学习者特性与其他学科有所区别，学习的成果并不直接依赖于科学文化知识的大量积累。简而言之就是小学阶段其他课程学习的好坏，不能直接影响美术学习的结果。美术的学习依赖的是美术知识和素养，即对事物的观察力和想象力以及对形与色的敏感程度等。这些美术素养既有不同年龄阶段的认知特性，也体现生活和社会环境的差异；既受到先天因素的制约又受后天环境的影响，所以几乎每个学生的学情都不相同。因此，在美术教学设计的过程中，教师除了从教的角度考虑问题外，还必须认真分析和把握把学生身心发展的特点、现有学习水平等问题，既考虑群体需要，也要注重个体的特性发展。也就是说，教师作为教学活动的设计者，在决定教什么和如何教时，应当全面考虑学生学什么和怎样学。"正如加涅所指出的：校舍、教学设备、教科书以至教师绝不是先决条件，唯一必须假定的事是有一个具备学习能力的学习者，这是我们考虑问题的出发点。"①

---

① 转引自蒋良．美术的教学选择．长沙：湖南美术出版社，1998：184．

（六）依据教师的教学经验

在一定意义上说，教学设计的过程也是教师个体创造性劳动的过程，教学设计方案中凝聚着教师个人的经验、智慧和风格。教师个人的教学风格在时间的积累下形成了个人独特的教学经验和教学智慧，这是形成教学个性及教学艺术性的重要基础，是促进课堂教学丰富多彩、生动活泼的基本条件。教学经验是教师在长期的教学实践中总结出来的，是教学理论付诸实践的结果总结，它们在课堂教学中往往可以弥补教学理论的某些不足，帮助教学取得好的教学效果。因此，教师的教学经验也是教学设计的基本依据之一。在教学设计中，教师既不能完全依据经验行事，但也不能排斥教学经验的作用，只有将科学的理论和方法与好的教学经验结合起来，才能使教学设计既有共性，又有个性，并最终达到科学性和艺术性的有机统一。

三、美术教学设计的基本原则

教学设计的原则是根据已发现的教学规律和一定的教育目的，对教师和教育工作者提出的对教学设计的基本要求。它是教师设计教学需要遵循的规范，美术教学设计既要遵守循序渐进等教育教学的普遍性原则，更要依据美术课程自身的性质和特点，探索适合本学科教学的原则，构建适合本学科的教学模式，在教学实践中采取相应的教学方法，创造性地开展教学活动。

（一）主体性原则

学生是教学的主体，美术教学设计必须立足于学生的学。主体性原则明确了美术教学设计是为谁而设计的问题，不仅要完成课程标准中教学的规定内容，还要满足学生自我发展的需求和学生适应社会生活对美术素养的需求。美术教学设计要体现对学生主体地位的尊重，强调学生的整体发展，还要充分考虑到学生个体的差异性，做到因材施教。因材施教是教育学的普遍原则，而对于美术教学尤为重要。由于学生有各自不同的生活和学习背景，性格、气质、个性存在差异，存在"与生俱来"的审美倾向和绘画习惯，千篇一律的要求不利于调动他们学习的积极性。如果教师能够根据每个学生的特点，有针对性地进行个别辅导与评估，学生的进步就会很快。美术教育的意义绝不只是教学生画几张好画，有些学生虽然造型能力不强，画得不好，但这并不妨碍他们学习美术的兴趣，也不妨碍他们获得较高的艺术品位。特别是在小学阶段，教师的教学要充分考量学生因素，理解这一阶段的学生的心理状况，针对学生的特征实施教学，使他们在原始基础上都得到发展。教师只有站在学生的角度，才能真正理解学生美术表现的真正需要，设计出更为优化合理的教学方案，实施课堂教学，这是实施美术教学的首要原则。

（二）审美性原则

美术教育是实施审美教育的重要途径，培养学生的审美能力是现代美术教育的重要任务，因此，审美性是美术教育的重要教学原则。审美性原则是指在美术教学活动设计中，从前期准备到教学目标、教学策略、教学过程、教学媒体各个环节都要注重审美性。审美教育的目的是建构与完善学生的审美心理结构，提升审美情感，建立良好的审美态度、审美趣味，使其具有良好的审美感受力和判断力。教师要利用各种可视的形象努力挖掘学生对形式美的感知能力，对美术文化的理解能力和评判能力。学生只有完善审美心理结构

（认知、伦理、审美），才会拥有健全的人格以及可持续发展的能力。

过去，我们常把美术教学看成美术基础知识和美术基本技能的教学（简称"双基"教学），认为"双基"是美术教育的全部内容和美术教育的核心。其实，美术教育的根本目的是人的发展，"双基"只是美术教学的一部分内容，其教学只是建构学生良好审美心理结构的基本途径，不能完整地体现美术教育的价值。审美性原则要求将审美教育渗透到教学的每一个环节之中。教学设计、课堂讲授、教学评估、作业展示等都应看成是向学生进行审美教育的机会。

小学阶段的美术教学更多的是一种美的体验，要让学生通过作品鉴赏、作业练习等，体验和认识结构、造型、线条、色彩，变化、统一、强调、和谐、变异等各种形式美，将所学的基本知识、基本技能上升到审美文化的高度，最大限度地激起学生的学习兴趣，让他们从中获得审美教育，形成审美意识，建立审美习惯。遵循审美性原则还必须看到，学生的审美发展是一个开放的体系，它包含十分丰富的内容。美，并不是只有优美的外在形态，还应当包括情感方面的形态——美、丑、善、恶、崇高、卑下、悲剧、喜剧、幽默、荒诞等。老师认识到这一点很重要，因为现代社会中，艺术与人类生活的多维联系造成艺术的多元化，使美的形态彻底打破了单一性局面。如果老师教导学生从小就能认识到这一点，将会使他们的心灵更加充实，情感世界更加丰富。

贯彻审美性原则，要做到：

（1）要将审美性原则融会于教学的各个方面，贯穿于教学的全过程。审美性是美术教育的灵魂，不只是教学内容，从教学环境的创设到教材的选择，从教学范画、板书设计到批改作业，都应该给学生以美的感受。

（2）坚持以马克思主义审美观进行审美教育。每个人对美的看法不尽相同。"一般地讲，凡是满足人们视觉、味觉、嗅觉、触觉愉悦需要的并与思想意识相符相融的皆以美称之。"[①] 由于人们审美需要的多样性，审美的价值取向有一定的差异，也存在审美品位的高低。教师要坚持以马克思主义审美观进行审美教育，就是承认审美差异，允许各自有不同审美取向，同时坚持只有符合大多数人和社会审美需要的，有利于社会进步和人的精神健康向上的美术作品才是真正美的作品、好的作品。

（3）美育和德育相结合。德育是学校教育工作的首要任务。小学美术教学中的德育培养不同于德育课，它是在美的感受中融进德育精神，使其融入审美教育之中，是以美启真、以美引善、以美怡情。美术教学既要避免脱离"德育"，又要避免生硬的"德育"，应注意挖掘课程蕴含的德育资源，在教学中加以渗透。

（三）视觉性原则

美术是视觉艺术，这是它与音乐、舞蹈、戏剧等其他艺术最本质的区别。这是因为，美术教育的最高价值在于它为每个人经历并且认识世界所作的独特贡献，这种独特的贡献就是视觉。由于视觉艺术涉及了人类意识中其他任何学科都无从涉及的方面，即对于视觉形象的美学思考，所以美术教育的视觉性本质具有重要的教学意义。为了更确切地表达这一课程的本质，世界上有些国家没有美术课称谓，他们就称之为视觉艺术课。

---

① 常锐伦，唐斌 . 美术学科教育学 . 北京：人民美术出版社，2007：250.

既然是视觉艺术课，就要充分地体现视觉的特性。我们讲的美术教育功能、教学方法以及技能训练，都应当首先具有视觉性的特点。例如，我们可以并应该在美术教学中渗透爱国主义教育，陶冶学生情操，但不能是空洞的说教，而是要通过具体视觉形象感染学生，使之产生联想和共鸣来实现。如果脱离视觉去进行美术教育，那就不是真正的美术教育。因此，在教学中，应当提供图片、实物或录像等足够的视觉资料，通过介绍作品构图、色彩、造型所体现的意境、思想，引导学生充分感受，充分发挥美术教育视觉性的优势，丰富视觉信息和视觉思维。当然，课堂上的教学语言是必不可少的，背景音乐也能创设很好的意境，但语言、音乐等必须建立在视觉性或视觉经验的基础之上。若失去了这一基础，那将会成为"纸上谈兵"。

根据美术教育具有视觉性的这一本质特征，美术教学要突出训练学生的视觉能力，即凭眼睛来认识事物感受事物的能力。比如：不用文字资料，也能了解有关的文化与历史背景；通过看，提高审美能力，对事物作出美学上的判断；通过看，能够懂得不同种族的文化信息，不同时代艺术的特征，不同画家不同流派的艺术风格，等等。应当意识到，视觉能力的提高在现代社会有着更加特殊的意义。现实生活中，各种视觉形象与符号——汽车、广告、服装、商品包装、居室装修、城市绿化……充斥着我们的视野，无时无刻不在传送着思想、信仰及价值观念，而单靠传统教育中的读、写、算教学已无法满足现代社会快速发展和人们生活快节奏的需要了。可以说，社会越是向前发展，美术的用途就越广，美术教育就越显得重要。

视觉性原则并不排斥使用音响、嗅觉、触摸等手段。如果能与其他感官有机结合起来，视觉感受往往会更生动、更准确。但教师在使用这些手段时，要清楚它们只是辅助手段，绝不可本末倒置。在新课程实施开始的这些年，有些教师把舞蹈、游戏引进美术课堂，确实活跃了课堂气氛，优化了教学情境，但有时却削弱甚至失去美术教学的视觉性。所以，必须强调，一些辅助手段的使用是为了强化视觉性原则，过分地使用音乐、游戏和表演，会喧宾夺主，丢掉美术课的特质。

贯彻视觉性原则，要做到：

（1）与教学内容紧密配合，与讲解相结合，并贯彻于教学全过程。美术教学内容的形象性特别突出。从课题导入到讲授新课内容、技法传授、布置作业、巡回辅导、课堂小结等所有环节，教学都要为学生提供可视的形象，要将直观形象与讲授内容紧密配合，自始至终都是以形象"说话"。

（2）教学手段要根据教学内容予以正确的选择和贴切的运用。美术教学可运用的视觉性教学手段很多，除演示之外，还有范画、范作、挂图、实物、模型、参观、幻灯片、影视录像等。这些手段的运用，要有示范性、典型性，给人以美感，能激发学生的学习兴趣和表现欲望，加强学生对形象的视觉记忆，但并非越多越好，应该根据教学内容和学生需要恰当选择。

（四）创新性原则

创新，是人的本能，是时代的呼唤，是素质教育的重要目标，同时也是学生主体作用的最高体现。美术向来注重创新，只有创新，美术作品才有价值，美术活动才有意义，无论是"倾向于美术本体"的美术教育，还是"倾向于教育功能"①的美术教育，都要体现创新性原则。教师应鼓励学生进行创新，教育他们不仅感知美、理解美，而且还要创造美。

创新性原则要求：

（1）在写生教学中，对学生独到的发现或独特的艺术处理要加以鼓励。

（2）在创作教学中，重点启发和鼓励学生新的创意。

（3）在设计应用中，要鼓励学生大胆地发现和使用新材料。

（4）在欣赏活动中，鼓励学生不仅要认真"读"作品，更要积极地表达自己独特的见解。

（5）在探究学习课上，要鼓励学生通过学科的横向联系获得新的创作灵感。还应注意向学生介绍多元文化背景下的艺术作品，如中外艺术名作、民间艺术品等，开阔学生的视野，使他们在创作中受到启发，得以借鉴。

第二节　小学美术的学习方式

现代美术已经充分融入人们的日常生活，其内涵和外延都在急剧变化。受到当代社会观念和新媒体技术的影响，小学的美术教学的形式内容也发生了极大变化。随着人类社会进入知识经济时代，教育也在强调"以学生的发展为本"的理念。不但重视教师的教，更注重学生的学。美术教学也更加注重培养学生学习的主动性、积极性、创造性和合作精神。

一、自主学习方式

一般来说，自主学习是指学生能有意识、有目的地控制并主宰自己的学习方式。具体来说就是学生在学习之初就能明确学习目的，制订相应的计划，对学习过程能自我监控、调整，甚至能针对学习结果进行评价、分析，乃至做出补救的行为。其定义为：在美术老师必要的示范、精讲和帮助下，学生自定学习目标和练习方式，即学生学会针对自己的实际情况，结合老师提出的基本目标和要求，自定最佳的学习目标和自选练习方式，通过自我监控练习过程和及时评价练习结果，最终实现学习目标。②

在学校的美术教育过程中，教师的教学模式和教育技术、教材内容、课堂管理方式等都对学生的自主学习产生影响，在教学中实现学生的自主学习要从以下几个方面入手。

自主学习构建的是以学生为中心教师为辅助的教学模式。美国人乔伊斯在《教学模式》一书中指出，教学模式的核心是创设一种情境，使学生可以互相影响，教师帮助学生获得信息、技能和表达方式时，也是在教他们如何学习。教学模式的大小和规模是相对的，适用的范围比较广泛，可以针对不同的学习科目、不同的学习领域、不同的具体内容。有利于学生自主学习的教学应该是以学生为中心，教师只起组织、指导、帮助、促进

① 尹少淳．美术教育学新编．北京：高等教育出版社，2009：52．

② 尹少淳．小学美术教学策略．北京：北京师范大学出版社，2010：29．

的作用。如，教师可以通过提醒学生预习和自学教材，或设定学习的中、长远目标来引导学生学习和努力的方向。教师的语言和教学手段运用，要符合学生的学龄特点，尽可能调动学生主动学习的兴趣等。

自主学习方式要选择贴近学生生活的教材内容。新课改以来，美术教材的编写在《义务教育美术课程标准（2011年版）》中有明确的规定，即要有时代感并要以学生的发展为本。时代感指的是教材的编写一定要体现课程改革的精神，同时也要充分展示当代社会、政治、文化、科技的特点，教科书的结构和版式设计要有现代意识和设计感，让学生认识美术的学科价值，激发学习美术的兴趣。教材的选择必须适合学生身心发展的特点，贴近学生的生活，有利于发挥学生的创造性。教师要在此基础上，充分发挥美术教学灵活性的特点，合理设计编排教学内容，使学生愿意学、主动学。

自主学习方式要充分运用现代教育技术，引发学习兴趣，提高自主学习的参与度。运用现代教育技术，通过对教学过程和资源的设计、开发、应用、管理和评价，实现教学手段的丰富性。美术教学中多媒体教学和网络教学的运用，不但可以激发学生的学习兴趣，更可以使学生超出课堂教学的限制，依据自身的学习需求获取学习资源。多媒体课件、电子交互式黑板等在条件较好的中小学已经普遍运用，大大提高了美术教学的信息含量，丰富了教学互动的手段，极大提高了学生主动学习的参与度。而网络教学更是突破了课堂教学的时空限制，学生可以自主安排学习时间和地点，自由选择学习内容，自主制订学习计划等。现代教育技术和手段为学生自主学习提供了便利条件。

自主学习方式要实现"与学生合作"的课堂管理模式。课堂管理是教学顺利进行的保障，设计合理的课堂管理模式，能对教学形成良性支持。教师是教学的主导，其教学管理方式会直接影响学生学习方式。现代教育观认为：教师与学生是平等、合作、互动的关系。教师是教学情境的创设者，是教学活动的组织者和实施者，是学生心声的倾听者和积极的反映者。美术教师更要注意和学生进行良好的感情沟通，从关注学生发展出发，研究在美术教学中如可构建和谐的师生关系。良好的师生关系是成功实施美术教育的关系基础，也是实现"与学生合作"的课堂管理模式的感情基础。实现"与学生合作"的课堂管理模式，教师要得到学生的爱戴，就得展现出内在的人格魅力。拥有热情、真诚、宽容、负责、幽默等优秀品质，学生才能"亲其师"而"信其道"。教师要展现教学艺术，通过联系学生生活实际，激发学生学习兴趣，增强学生情感体验，改进教学活动，使教学过程充满情趣和活力，提高教学活动的吸引力。这样，老师就能把大量时间用在教学中，而不是因为紧张僵化的师生关系，去极力维护课堂纪律。学生可以在无需老师的监控和管理下，自觉遵守教学制度，独立学习，完成教学任务。

二、合作学习方式

社会生活中，个人的影响力和能力都是有限的，许多重大事件要由团队合作完成。学会与人合作是当今社会生存法则之一。因此，教育也必须顺应时代，培养人的合作精神和能力，推动社会前进。合作学习的概念于20世纪70年代初兴起于美国，并逐步形成一种富有创意和实效的教学理论与策略。它在改善课堂内的社会心理气氛，大面积提高学生的学业成绩，促进学生形成良好非认知品质等方面实效显著，成为当代主流教学理论与策略之一。合作学习方式具体是指学生以小组或团队的形式，按照明确的分工和交互，完成共同学习任务的方式。

（一）美术学习中的合作学习组织形式

分组合作是美术合作教学的基本表现形式，是很好的互动学习方式。目前，在国内外普遍采用了以下几种合作学习的分组方式。

1. 互补方式

这种学习方式是将学生按照学习任务的主要内容和环节划分为若干小组，每个学习小组选一个命题，并把这一个大命题划分为若干个分支问题分配给小组内的每个成员，分别解决一类问题或一系列问题，而后将各组的学习成果进行拼装、整合，形成完整的结论。这种方式的优点是化整为零，节约学生的学习时间和空间，缺陷是学生容易站在较为狭隘的角度看待问题，需要教师在帮助学生整合结论时，引导学生全面地看待事物。这种学习方式可以运用于绘画课程，学生可以根据主题、画种、材料的不同分组尝试不同绘画形式，互相取长补短，能在有限的课堂教学中，呈现多种艺术表现形态，弥补美术实践教学的不足。

2. 调查方式

这种学习形式常用的分组方式有三种：一种是按兴趣爱好分组，一种是按感情友谊分组，一种是按特长搭配分组。分组后，教师给学生介绍课堂所要学习的内容后，全班学生讨论学习内容并拟定出一套需进一步讨论的命题来。每个成员负责研究自己的问题，将研究结果写成报告。小组把每个成员的报告汇总起来，形成总报告，再与全班同学共享他们的研究成果。每个小组陈述自己的研究结果之后，给出时间让全班进行讨论。班级评价可使该小组获得有价值的反馈信息，以便纠正自己的观点。这种方式多在美术欣赏和综合探索课程中出现，是这类型课常见的学习方式。

3. 拼盘方式

这种方式是安排学生分别参加两个小组：学习小组和研究小组。在确定学习目标后，小组成员先到各自的研究小组研究分析要解决的问题。研究工作完成后，研究小组成员再回到各自的学习小组。学习小组共享各研究小组的研究成果。在实践教学中这种方式大多运用在设计制作课程、美术欣赏课程、美术综合课程教学中。

4. 配对方式

这种方式首先安排学生两人一组互相讨论学习，而后将讨论结果与全班共享，提出研究、分析、实践的结果以及遇到的问题和困难，让其他同学进行帮助和解答，同时也允许持其他不同意见的同学发表自己的看法，帮助这两人小组改进学习结论。

（二）合作学习方式实施的注意事项

（1）每个小组人数不宜过多。小学阶段的学生心智不够成熟，尚未具备合作学习的正确态度和方法，人数过多则不能保证每位学生的参与性，易产生矛盾。美术手工制作类和赏析类课程小组人数以4~6人为宜，最好设有组长管理小组活动。低年级在绘画学习中，也可采取2人一组共同完成的方式。

（2）分组合作学习应遵循组内互补的原则。小组分工合作必须人尽其才，合理搭配才能实现最高效益。学生作为独立的人，有各自的性格特征、兴趣爱好和特长，因此，小组人员的分配最好形成互补组合，使得成员间优势互补相互促进，形成公平、平等的交流氛围。

（3）学习内容应适当，目标要明确。分组学习中，要依据学生的学习特点，选择合适的教学内容，要难易适中，有可行性。过难的任务会使学生丧失信心和兴趣，易产生组内矛盾；太容易的任务，使得学生看轻学习过程和结果，对教学产生失望。明确的合作目标是完成任务的前提，所以，教师应在分组时就明确提出任务目标，并适时指导和提示。

（4）注意合作中相互交流的技巧。成员间的相互信任、理解、包容是合作成功的重要保障。一个成功的小组，首先需要组员间建立良好的关系，并能及时有效地沟通。学生要在小组中学会聆听技巧，能耐心、礼貌地倾听别人的意见。学会正确地表达自己，能用清晰准确的语言阐述自己的想法或者在表达不同意见时使用恰当、礼貌的用语。如："好主意，如果这样会更好……"或"抱歉，我认为这不太合适……"等。

（三）合作学习方式的作用

（1）培养合作精神。从客观上看，随着全球化进程的加快，人类今后所面临的问题越来越复杂，要解决这些问题，光靠个人力量已很难实现。因此，当代教育必须重视培养学生的合作意识与合作能力，形成团队精神。中国目前的教育对象以独生子女居多，缺少形成合作、互助意识的氛围，而合作学习无疑是这种能力培养的最佳途径。

（2）开拓创意思维。小学美术的四个学习领域都可以运用合作学习的方式教学。对于学生来说，学习不应当是被动地接受，应该是伴随着喜悦与感动的探究发现过程，或是伴随着惊异的问题解决过程。合作学习由于采用的是异质分组方式，每个学生的学习能力、学习兴趣、知识面宽度都不一致，因此在学习的过程中，学生间、师生间的互相启发、相互讨论，都会将另一些同学的思维导向一个新的领域，出现一些新的视角，提出一些值得争论的问题。这种不断生成新知识、不断建构新思路的创造性美术学习过程，更有利于教学质量的提高。

（3）形成竞争意识。当今社会无处不存在着激烈的竞争，学生的竞争意识能促进其主动学习，使其具有较强的上进心、能够适应未来社会发展。美术合作学习多以小组为单位实施教学。组与组之间、小组成员之间会在问题的讨论与解决过程中，相互比较、相互竞争。这种竞争意识会促进成果的高效完成，学生也会自觉不自觉地将其运用于今后的社会生活，推动社会的进步发展。

（4）建立平等观念。社会生活中人与人存在着很多差异，如性别的男与女、体力的强与弱、长相的美与丑、家庭的贫与富、能力的高与低等。在学校里，每个班级中都存在着因为差异而出现的歧视问题，尤其是学习成绩好的学生群体与成绩差的学生群体的差异与对立。美术学习可以不受学生其他学科学习情况的影响，采用分组合作学习，有效地平衡这一差异，使每个学生在平等的条件下完成学习任务。在合作学习中应多采用异质分组的方式，将具有不同学习能力、学习兴趣、性别、个性的学生分配在同一组内，同学们可以相互启发、补充。大家都是小组成员之一，学生之间的关系会趋于平等，更民主，更有利于形成一个良好班集体。

（5）锻炼交往能力。人际交往能力是现代社会人们工作生活的一项重要技能。小学阶段是人际交往能力观念形成期，美术课程能通过共同完成艺术创作、艺术调研等活动的合作学习过程，促进学生交流，使其形成初步的社交能力。合作学习是同学之间互教互学、彼此交流知识的过程，也是互爱互助、相互沟通情感的过程，既能锻炼沟通技巧，又能形成集体荣誉感。

（6）激励主动学习。合作学习能促使所有学生参与教学，变被动学习为主动参与。以若干小组和团队的模式学习，每个成员都会或多或少地参与其中。由于相互的竞争和环境的感染，许多以往并不主动的学生都会得到锻炼。在合作学习中，学生不得不依靠自己得出结论，即便没有完全解决问题，因为有前期的参与，只要教师稍加点拨，学生就会继续主动找出答案。这样的学习成果超越被动学习成果。

三、探究学习方式

探究学习方式是指从学科领域或现实生活中选择和确立主题，在教学中创设类似于学术研究的情境，学生通过独立自主地发现问题、实验、操作、调查、收集与处理信息、表达与交流等探索活动，获得知识，培养能力，发展情感与态度，特别是发展探索精神与创新能力。它倡导学生的主动参与，具有自主性、实践性、综合性和开放性的特征。探究学习的主题可以是本学科的也可以是其他学科的，其开展方式是要求教师营造学术探究的氛围，鼓励学生参与、体验、联想、思考，由学生自主发现问题，解决问题。探究式学习既是学习的一种过程，也是学习的目的，即全面发展学生的探索精神和创新能力。

小学阶段美术课程探究式学习要注意考虑小学生的认知水平，设计相应的探究问题。针对不同阶段的学生设计不同难度的问题。对于小学低年级的学生，美术探究活动主要以观察、简单尝试为主，重在培养他们独自面对问题，独立思考，勇于尝试的精神。高年级的学生可以设计相对简单的探究课题，鼓励学生以合作、讨论的形式，探究、思考事物的性质、规律、价值等。其结果的呈现方式可以是数据的收集、整理和分析，或是简短的研究论文或研究报告。

（一）探究式学习的过程

（1）教师设计探究问题情境，组织学生参与。小学阶段的探究活动需要老师设置探究问题的情境，抓住学生的好奇心，引起学生的参与兴趣。问题的设置可以是老师先预设和营造问题情境，提出问题，再由学生去探索；也可以是老师直接给出事物或是问题的结果，由学生去反向推演找出答案。

（2）教师提供探究方法，学生开始探究行为。学生通过观察与分析，动手实践探究问题，通过假设验证问题，提出解决方案。在探究过程中，学生可以运用尝试法、讨论法、比较法、质疑法等方法，实现自主探索，合作探究。探究的活动能引发学生学习新知识的动机，使学生从"学会"转变为"会学"。

（3）学生分析现象、数据，整合观点，拓展理解，构筑新的知识技能。针对学生的不同学段和不同学习领域，在运用探究学习模式时应注意侧重。低年级学生注重问题设置和情境营造环节，强调学生的参与性和对新事物的尝试为主，老师要及时给予指导，让学生在"渴望又可即"的情况下感受探究学习的乐趣；高年级学生可以自己设置简单的探究问题和方向，老师多以鼓励为主，指导学生按照科学的手段和规律，通过合作、讨论，对探究结果进行转化和迁移，构建知识体系。

（4）师生共同回顾、评价学习过程和结果。探究学习的结果可以通过评价反思、讨论交流逐步显现。探究活动结束后，教师要引导学生以口头或书面小报告的形式，互相交流学习过程和结果。组织学生对学习结果的评价和反思，能加深对问题的理解，丰富学生生活经验，提高自省智能，也能进一步帮助学生认识自我、学会接纳和欣赏他人，健全自身人格。

（二）探究学习方式的教学要求

（1）探究学习的内容既可以是本学科的，也可以是其他学科的。它不仅训练学生综合运用美术知识、美术技能为生活服务的能力，而且跨越学科界限，认知范围不再局限于美术自身领域，而是在人文背景下和其他学科融合，甚至思考其与社会生活的关系。其目的不再是仅仅通过学习提高美术表现力，而是提升综合素养和解决实际问题的能力。

（2）探究学习方式需要营造相应的探究氛围，即一定的学术情境，使学生身临其境地进行探索、联想、体验、尝试等，促进学生在知识、技能、情感体验方面的全面发展。

（3）探究学习既是学习的方式，又是学习的过程和目的。特别是小学高年级美术教学中，探究活动既要注重过程的体验和感受，也要注重学习结果的呈现。

第二章 美术教学设计的准备工作

美术教学的构成因素主要包括教师、学生、课程和教材等。教学设计是对教学的各项内容和环节等构成因素的具体安排。关于设计方案的形成，有很多前期需要思考和准备的环节，包括教材分析，教学对象分析，教学目标设定、教学重难点的认定及教学手段方法的选择等。

第一节 教学对象分析

教学设计既需要对学科知识进行研究，更应对教学对象进行研究。学生是教育活动的第一要素和主体，也是课堂教学的对象。教育的根本目的是使学生的知识、能力与身心水平状态不断获得提升。整个教学设计的前提就是学生的需要。因此，教学行为开始前必须对学生进行全方位研究，了解学生现有知识水平、学习能力、学习需求、学习态度等，并充分了解学生的心理形式和这一形式在不同年龄阶段的发展规律与特点及其与美术学习的关系，从而为课程设置、内容的选择、教学的组织等提供良好的基础。

一、树立正确的学生观

教育的出发点和归宿都在于对学生的培养，有什么样的学生观就会出现什么样的教育目的、方式、结果，学生观在整个教育观念体系中占据举足轻重的地位。学生观是对学生这个群体的基本认识和根本态度，其结果直接影响教育目的、方式和效果。现代教育理念要求教师首先树立正确的学生观，找准教育与学生身心发展的契合点，实施素质教育，全面提升教育质量。

（一）学生是具有独立人格的人

学生是人，是富于生命意义和独立人格的人。这是第一位的学生观，把学生当人来看待，还给其作为活生生的人应有的时间和空间。学生有着自己独特的内心世界、精神生活和内在感受。有着不同于成人的观察、思考和解决问题的方式。也就是说，学生有着独特的个性。因此，在对学生的认识上，应确立学生是独特的人这一基本命题。学生是独特的人的命题，包含以下几个基本看法：

（1）学生是个完整的人。学生并不是单纯的抽象的学习者，而是有着丰富个性的完整的人。在教育活动中，学生不仅具备全部的智慧力量和人格力量，而且体验着全部的教育生活。也就是说，学习过程并不是单纯的知识接受或技能训练，而是伴随着交往、创造、追求、选择、努力、喜怒哀乐等的综合过程，是学生整个内心世界的全面参与。如果不从人的整体性上来理解和对待学生，那么，教育措施就容易脱离学生的实际，教育活动也难以取得预期的效果。要把学生作为完整的人来对待，就必须反对那种割裂人的完整性的做法，还学生完整的生活世界，丰富学生的精神生活，给予学生全面展现个性力量的时间和空间。

（2）每个学生都有自身的独特性。这种独特性，是人的个性形成和完善的内在资源，也是教育努力的重要目标。面对每位学生的独特性，教师应该量体裁衣，因材施教。珍视学生的独特性和培养具有独立个性的人，应成为我们对待学生的基本态度。每个学生都是完整的具有独特个性的人，学生群体同样具有内在的独特性，这是不可否认的事实。我们应立足于这一事实，在思想上真正尊重学生的独特性，在实践中发展和完善学生个性，从而培养出具有独立个性的新人。

（3）儿童与成人之间存在着巨大的差异。人们往往把有些儿童称为"小大人"，认为他们能够认同、仿效成人的思想和行为，并为此感到开心。但事实上，小学阶段的儿童与成人的思维、认知都有很大的差异，如观察、思考、选择和体验的方式都和成人有明显不同。而成人又往往忽略这些，习惯于用自己的认知习惯对儿童进行教育和评价。小学阶段的学生由于受影视和网络信息广泛传播的影响，视野开阔，思想开放，讲究情趣，重视表现，对外界事物反应迅速而敏感，追求新意和时髦。在某种意义上说，现在的学生已走在时代的前列，比许多成人更具时代气息。再用上一代的观念和行为来约束他们，很难取得预期的效果。只有摒弃传统的观念，承认并正视现代学生的群体特征，认真研究现代学生的特点，站在平等、理解，包容的立场上，采取积极引导措施，有效地和学生沟通，得到他们的认同和配合，才能达到教育和影响他们的目的。

（二）学生是发展的人

作为课堂教学的对象，学生无论生理还是心理，都处在成长时期，其身体、道德素养、知识体系都处于发育完善阶段，可塑性极强，是不断变化发展的。教师应该辩证看待每一位正在发展中的学生，以公正、乐观的态度评估每一位学生。

1. 学生是处于发展过程中的人

作为发展的人，学生应该还是一个不成熟的人，一个正在成长中的人。但人们往往忽视学生正在成长的特点，对学生求全责备。其实作为发展的人，学生的不完善是正常的，而十全十美则是不符合实际的。把学生作为一个发展的人来对待，就要理解学生身上存在的不足，就要允许学生犯错误，这就要求教师在教育教学实践中对学生必须倾注爱，既能教育，又能宽容。当然，更重要的是，要帮助学生解决问题，改正错误，从而不断促进学生的进步和发展，这也是坚持用发展的观点认识学生的重要要求。

2. 学生具有巨大的发展潜能

在实际工作中，许多人往往从学生的现实表现推断学生没有出息，没有潜力。不少人甚至认为学生的智能水平是先天决定的，教育对此是无能为力的。其实学生具有巨大的发展潜能，这已为科学研究所证实。裂脑研究、左右脑功能的研究、潜意识的研究都为此提供了科学证据。作为教育工作者，应该相信学生的确是潜藏着巨大发展能量的，坚信每个学生都是可以获得成功的。

3. 学生身心是有规律发展的

人的身心发展，是一个连续的过程，同时又有阶段性。不同的年龄阶段有不同的年龄特征，一定阶段的年龄特征，具有相对稳定性，也有一定的可变性。学生是不断发展中的人，且这种发展是有规律可循的。尤其是接受基础教育的学生的身心发展，更能体现出人身心发展的典型特征与规律。认识到学生身心发展具有规律性，是非常必要的。这是客观地理解学生的基础。学生身心发展的规律客观上要求了解人身心发展的理论，熟悉不同年龄阶段学生身心发展的特点，并依据学生身心发展的规律和特点开展教育活动，从而有效促进学生身心健康发展。

（三）学生是教育活动的主体

（1）学生是学习活动的主体。这里既揭示学生是学习活动的主体，又说明了学习活动是学生的主体活动。学生是教育活动的主体，教师对学生的教育与改造，只是学生发展的外部条件和外因，学生的主体活动才是学生获得发展的内在机制和内因。

（2）学生是具有一定主体性的人。学生作为各种学习活动的发起者、行动者、作用者，其前提是他首先要有一定的主体性。随着青少年学生自我意识的形成和不断增强，他们自身就有一种自尊自信和追求真理的自觉性，在许多活动中表现出渴望独立，渴望自主选择，渴望自裁判断。在教育活动中，学生发挥自身主体性的形式是多种多样的，既表现为学习意向上的自觉性和主动性，又表现为学习过程中的接受、探索、训练、创新等具体行为。在不同的任务中，在不同的条件下，主体性表现的形式也各有差异。落实学生的主体地位，关键是根据具体的教育要求，调动学生的主动性，为学生构建广阔的活动空间。

（3）注意建构学生主体性。学生虽然具有一定的主体性，但就其程度而言比较低，就其范围而言比较狭窄。尤其在教学中，学生主体相对于教师主体来说，诸多方面的力量都显得十分微弱。因此教师一方面要注意提高学生主体性水平，使其由片面到全面，由强到弱，同时也要注意处理学生能动性与受动性、自主性与适应性、自为性与手段性的辩证关系。第一，要区分学生的个人行为和教育行为。学生的教育行为的自由，应以不妨碍教育目的的实现、教育活动的开展为限度。学校对学生的教育行为的限制，以有利于教育目的的实现、教育活动的开展以及全体学生的权利享有为界限。第二，要区分不同年龄阶段学生的权利享受与责任承担问题。学生年龄越大，则自由享受权利的能力越大，承担行为责任的能力也越大。学生年龄越小，学校负有的管理责任越大，对学生权利的限制也越大；学生年龄越大，学校负有的管理责任越有限，对学生权利的限制也越有限。

二、理解学生认知过程发展与美术教育的关系

认知过程发展的研究就是从心理学的角度探讨认知发生变化的过程和现象，包括感知觉的发展、注意力的发展、记忆的发展、思维的发展、言语的发展和想象的发展等，其中感知觉、记忆、思维、想象与美术关系最为密切，探讨这些关系对于我们如何实施美术教育教学具有一定的指导意义。

（一）学生感知觉发展与美术教育

人类所有的认知能力都是以感知觉为基础的，感知觉是感觉与知觉的统称。人的感知觉活动是一种积极的过程，主体在这个过程中，从环境刺激中抽取某些信息，并据此调整自己的行为。没有感知觉的参与，人类将失去一切信息加工的资源。

1. 学生感知觉的发展

　　学生的感知觉所包含的内容十分复杂，我们主要研究与美术关联紧密的感知觉内容：视觉、空间知觉、时间知觉和运动知觉。

　　（1）视觉：首先表现为视感觉，它是通过光线对我们视觉器官的感觉部分，即眼睛的光感受器的作用而产生的。人借助于视觉认知对象的明度、颜色、大小、比例、结构、体积、空间位置。视觉还表现为知觉形式，称之为视知觉，它是对视感觉更深刻的认识，是以视觉分析器为主，综合各种感觉的一种心理过程。在视觉相关因素之中，与美术关系最直接的是观察力。

　　学生视觉发展并不复杂。幼儿园阶段的孩子已经有了一点观察力，并开始逐步向独立性、有目的性和有组织性的过程转化，只是这时的观察属于"粗枝大叶"，倘若画画，只能画大概的轮廓。小学阶段观察能力进一步提高，已开始注意对象的"细节"，如果能进行正确辅导，他们能够用线表现物质空间及结构。这种观察能力在后期会获得迅速提高，并渐渐接近成人，表现在画画上会逐渐接近"写实"。

　　（2）空间知觉：空间是物体存在的基本形式之一，空间知觉即是对这种形式的知觉能力。认识对象的空间特性，在造型活动过程中具有特殊的重要性。

　　幼儿园小朋友早期只能辨别上下位置，然后才有前后和左右方位的知觉。这种空间知觉能力是建立在具体事物联系基础上的，比较抽象的空间观尚未确定。而对于形状知觉，幼儿园小朋友已可辨认简单的图形，但也要与具体事物相联系。到了小学阶段，学生的空间方位知觉继续发展，但仍需借助具体事物进行表达。随着年龄的增长，学生抽象的空间知觉才真正建立起来。有了空间知觉，空间状态物体的近大远小现象、形状、方位等相关知觉才能得到真正意义上的发展与成熟。

　　（3）时间知觉：时间与空间一样，是运动着的物质存在的基本属性，时间知觉是个体对客观现象的延续性和顺序性的反映。这种反映是通过听觉、触觉和视觉共同作用的。就时间知觉而言，人在幼儿园阶段已经有了"时距"的估计能力，随着年龄的增长，在小学阶段有了逻辑性时间概念和习惯性时间概念，时间知觉基本发展起来。

　　（4）运动知觉：运动知觉是个体对物体在空间位移状态的反映，它是通过视觉、动觉、平衡觉等多种感觉器官的协调活动而实现的。运动知觉的产生较早，人在幼儿园和小学阶段运动知觉大多为具体物体的运动，随着年龄的增长，学生对运动间的连贯性和细微变化的认知会逐渐成熟。

　　2. 学生感知觉发展与美术教育

　　（1）学生视觉发展与美术教育的关系

　　关于学生的视觉发展与美术教育的关系，我们首先分析人对色彩的感知和观察力发展与美术教育的关系。

　　色彩在大千世界中是最丰富的一种自然现象。作为主体的人，从一出世就置身于这种神秘的现象之中，所以人对色彩的感知觉是最直接的。鲁道夫·阿恩海姆说："对色彩反映的典型特征，是观察者的被动性和经验的直接性。"幼儿园孩子们从对色彩的被动感知逐步向主观感知与运用发展，这其中就有美术教育的辅助作用。虽然只要有正常的视觉（无色盲色弱），颜色是能被感觉到的，但只有经过引导，孩子们才能辨认不同的颜色，并慢慢地学会在图形上涂抹颜色。进入小学，学生开始对颜色有了一些"理性"认识，对不同的颜色产生不同的联想和感情。这时，美术教育应尽可能适应学生这一心理，注重引导学生进行"利用色彩表现各种情绪"的练习。在小学高年级，教师应当适当地给学生讲一些简单的色彩原理等理论知识，并逐步引导学生向写生色彩过渡。

观察能力是随年龄的增长逐步增强的。观察是人对周围世界感性认识的积极形式，有着明确的指向性和目的性。在美术活动中，观察的主要任务就是对对象及其组成部分进行不断的比较，把对象本质的、最有特色的方面与非本质的东西区分开来。儿童在一开始接触对象时，有意观察的成分较少，他们只热衷于将事物的名称与符号相对应，而物体的形与色对他们来说是模糊的，随着年龄增长，才开始慢慢地有意注意物体的形与色，观察能力在拼图、堆积木等美术活动中获得提高。

（2）学生空间知觉发展与美术教育

在空间知觉中，与美术教育关系最为密切的有大小知觉、形状知觉、方位知觉等，这些空间知觉对美术教育有着特别重要的意义。

大小知觉是个体对外界事物大小比例的反映。外界物体投射在视网膜上并产生映像，然后通过大脑神经系统作用获得该物体大小的信号。大小知觉的发展反映在美术学习中，是对物象形体比例把握准确程度的发展，反过来说，就是我们可以美术教育促进学生大小知觉的发展。如幼儿的大小知觉并不十分明确，分辨形体大小的能力很弱，画画的比例往往"随心所欲"，不合乎正常。随着身心的发展，这种情况到小学才会得到改变，表现在绘画方面，就是比例更接近正确。美术教育不仅要顺应学生知觉发展规律，指导学生尽量准确地把握形象比例，而且要顺应学生审美追求的需要，逐步引导学生利用这种视觉感受，塑造更真实的空间感。

形状知觉是指个体对物象各部分组合的反映。形状知觉是从依赖具体物象感知到抽象感知，从几何形状的认识到不规则形状的认识逐步提高的。美术教育必须按照这样的规律安排课程内容，采用适当的教学方法，提高学生的造型能力。如写生训练就应从几何形体写生开始，或者从具有明确"几何形状"的生活用具开始，逐步写生书包等形体结构较为复杂的物象以及"组合静物"。设计教学中，要引导学生从具体物象的形状中感悟抽象、独具意义的"形状"，并由此培养对"形"的表现能力。

方位知觉是指个体对自身或其他物体所处的空间和方向的认识。一般来讲，对物体方向的辨认要比对物体距离的辨认容易一些。因为，人对于高度和宽度感觉总是敏感一些，而对远近的感觉相对迟缓一些，而且不够确切。要想了解物体的远近距离，则必须对物体的三个维度都有所了解。在造型艺术上，有高度、宽度是二维空间，是平面的形象；有高度、宽度、深度为三维空间，是立体的形象。和人的思维发展规律一样，从幼儿到中学，学生是先有两维意识后有三维意识的。而随着方位知觉的增强，小学生则开始能够体会并在画面上表现前后的关系。教学方法上，我们可以从"前面的物体遮挡后面物体"的训练开始，培养学生对前后关系，即深度的表现能力，并逐步引入透视知识，通过对透视的理解和强化三维空间意识，增强学生对体积的塑造能力。

（二）学生记忆的发展与美术教育

记忆是人脑保持信息和再现信息的心理过程。人借助于记忆积累知识，并在需要的时候利用这些知识。记忆既是人类积累经验和丰富知识的基本手段，也是人们特别是学生心理形成和发展的基础，在人的生活和学习中均具有重大意义。通过记忆，人们不仅可以把感知的信息储存在头脑中，而且也可以把思维结果储存在头脑中。

1. 学生记忆的发展

与其他心理现象不同，学生记忆的发展并非完全随年龄的增长而发展。相对而言，低龄学生（主要是幼儿园小学低年级学生）的形象记忆能力和无意记忆能力发展迅速，大龄学生（主要是小学高年级到高中学生）形象记忆能力和无意记忆能力发展会放缓，逻辑记忆和有意记忆能力则发展更快，并且随着年龄的增长，所有的记忆力会逐步下降。

儿童主要以无意记忆和直观记忆为主，对那些包含具体形象的事物和具有明显标志的对象记得较好，而且记忆中的许多信息并非他们有意识记忆获得的，更多是下意识就印在脑海中了。比如，他们看过的图像、听过的故事并未有意要记住它，但往往比成人记得更深。我们通常说小孩记忆好，主要就是指他们这种无意记忆和直观记忆的能力要比成人强。小学生基本保持了幼儿时期的这些特点，但有意记忆能力和抽象记忆能力开始获得发展。实验证明，让幼儿园小朋友和小学生同时记 15 个单词，幼儿平均记 3~5 个，而小学生可达 6~8 个，记诗词的能力则是 7~11 岁这段时间最强。

2. 学生记忆的发展与美术教育

为了充分利用幼儿直观记忆的特点，美术教学就不仅要保留他们符号化和概念化的绘画语言特征，而且要指导学生发掘这种语言的艺术趣味，从中得到美的熏陶。如果过分追求形象的准确，就是违背这个特点，教学也不会有成果。对于小学生，则可以通过线描等写生课教学，帮助学生提高观察能力，强化有意记忆。

（三）学生思维的发展与美术教育

思维是人以已有的知识为中介，对客观现实的概括的间接反映。如果说感觉能获得事物个别方面的表面特征，那么，通过思维能获得事物全面的本质特征。也就是说，思维是在感觉经验的基础上，对事物进行分析与综合、抽象与概括，形成概念，并运用概念进行判断和推理，从而认识事物一般的本质特征的心理过程。思维是人的核心智力，也是一种高级认识活动。思维一般分为形象思维、抽象思维和直觉思维三种形式，它们都与美术教育有关。

1. 学生思维的发展

从幼儿期到青春期，学生的思维一般先是以直觉思维、形象思维为主，逐步发展为以逻辑思维为主。儿童多是依靠具体形象进行联想，随着语言能力的发展，在思维中渐渐有了抽象概括的成分。在小学阶段，这种抽象思维开始明晰，并开始在学习活动中与形象思维并行发挥作用，不过具体形象思维仍占主导，有时抽象思维活动还须借助具体形象才能进行。

2. 学生思维发展与美术教育

从学生思维发展的阶段特征，我们可明显看出，从形象思维到逻辑思维是随着年龄增长而发生转变的。在幼儿园阶段，学生长于具体形象思维，在美术教育中，我们应尽可能适应这种思维能力的要求，教学的内容要侧重于与具体形象相关的美术训练。比如：泥工、纸工、涂色、综合材料绘画（自由地画）、版画等。小学美术教学，仍然要选择与具体形象有关的内容，但要逐步增加抽象思维方面的内容，比如：学习线造型、面造型、水墨画以及适当的美术赏析等。学生思维发展与美术教育遵循着一种对应关系，这一关系既是美术教育遵循的规律，又是美术学习的结果。

（四）学生想象发展与美术教育

想象是以映像、表象或观念的形式进行创造的心理过程。它可以是现实生活中已有的，也可以是世界上根本不存在的，但它仍旧是人脑对客观现实反映的一种形式和对原有形象加以改造的结果。根据有无目的意图，我们通常将想象分为无意想象、有意想象、再造想象、创造想象和幻想。人的想象随着年龄增长而发展，而且想象的侧重点也发生着变化。因为知识经验较少，幼儿园阶段孩子们的想象是毫无约束的，甚至是随意变化的。小学生仍喜欢具有幻想色彩的童话和神仙故事，但随着慢慢长大，那种不切实际的幻想会逐步让位给更具现实性的幻想。

1. 学生想象的发展

心理实验表明，儿童刚入幼儿园，其想象还处于萌芽隐晦阶段。随着语言发展，无意想象成为其主要特点，有意想象和创造想象并不占主导地位。有学者综合心理学研究成果将这一时期儿童想象的特点概括为：（1）想象主题易变化，无一定目的性；（2）想象常常与现实混淆或脱离现实，如意识不到童话里人物及其功能的虚构性；（3）想象具有特殊的夸张性，如任意扩大或缩小等；（4）以想象过程为满足；（5）想象的创造性成分有限，幼儿初期开始发生创造想象；幼儿中期，想象中创性成分开始增加，如在游戏中会通过想象来补充或改变游戏的主题；幼儿后期，想象的创造性成分进一步增加，游戏活动中的情节设计和角色分配都表现出更大创造性。

小学生的想象与在幼儿园时期相比并无太大的变化，但无意想象和幻想性成分逐渐增多；到了小学高年级，无意想象被有意想象替代，创造想象开始活跃，想象的幻想成分也开始向现实性趋近；进入初中，随着心理结构的发展，想象也变得更加复杂化。首先，有意想象开始占主导地位；其次，创造想象有着绝对的优势；最后，想象日趋现实化，想象内容更丰富、复杂。到了高中以后，学生的想象除了创造想象显示出年龄优势外，其他心理状态都趋于成熟。

2. 学生想象的发展与美术教育

针对学生各年龄阶段想象发展的特点，美术教育不仅要遵循这一特点开展教学，更应为促进学生想象朝正确方向发展而设置课程。结合学生想象特点，在美术教育内容选择上，幼儿园应注重游戏性和随意性内容的教学，让小朋友尽情地摆弄他们觉得有趣的材料和造型；小学应充分利用学生的想象去表现他们乐于接受的题材，努力培养其处理画面形式美感的能力。另外，还可通过手工教学配合这一时期幻想占主导地位的心理特征。

（五）学生个性心理发展与美术教育

个性是人的个体特征，个性的倾向性、性格、能力、气质、认识过程和情感过程的特点共同构成个性心理结构。我们研究学生个性心理发展与美术教育之间的互动关系，关注的是个性心理中与美术教育相关的内容。小学阶段学生的兴趣、情绪等个性心理因素能在其艺术创作和表达中直接体现，所以通过美术教育可以调节个性的倾向性、性格、气质等，抒发情感，调节情绪；反之也可以运用个性情绪，来展现艺术创作的魅力和感染力。

（六）学生兴趣的发展与美术教育

兴趣是个体对外界的一种特别的态度，这种态度是在渴望认识对象上表现出来的。产生兴趣的方式是多种多样的，既与好奇心、爱好、知识经验的丰富性、教养的高低等主观因素有关，也和具有足够吸引力的客观条件和事物有关。兴趣在人的发展过程中有着巨大的作用，对美术教育有直接的影响。

1. 学生兴趣的发展

兴趣的产生起初出于好奇，这种好奇心既有生理性动机，也有认知心理特征。幼儿的兴趣更多表现为好奇心，而且这种好奇心所产生的兴趣主要表现在活动过程之中，没有任何目的性，活动结束，兴趣也就消失。小学生的兴趣已不仅仅停留在事物的表面现象上，有时他们开始设法去探究事物发展的原因、结果以及事物之间的相互关系，兴趣特别广，而且具有一定的稳定性。心理学将这一阶段学生的兴趣特点归纳为五个方面：（1）最初对学习过程感兴趣，以后逐渐对学的内容和需要独立思考的问题更感兴趣。（2）最初的兴趣是不分化的，以后逐渐产生对不同学科内容的初步分化；（3）对具体事实和经验较有兴趣，对有关抽象因果关系知识的兴趣在初步发展着；（4）游戏因素在低年级学生的学习中有一定的作用，中年级以后，这种作用逐渐降低；（5）在阅读兴趣方面，表现出不同年龄特征，4~6岁为绘画期，6~8岁为传说期，8~10岁为童话期，10~15岁为故事期，15~17岁为文学期，17岁以后为思想期。

2. 学生兴趣发展与美术教育

学生兴趣发展是随着他们年龄增大逐渐由低级向高级递进的。除了针对每一阶段学生兴趣的特征有目的地实施美术教育外，还要考虑到如何保持学生学习美术的持久兴趣。对低龄学生，我们应考虑其兴趣多变性，多运用游戏的形式开展美术教育，并尽可能在教学内容上增加趣味性和生动性，以增强学生的兴趣，引起他们的注意；内容的排列也要注意多变性，让他们兴趣在变，而美术教育主题不变。小学美术教学主要通过生动活泼的教学形式和变化多样的教学内容，如，自由画、记忆画、想象画、命题画等，让学生的兴趣保留在美术教学过程之中。

三、了解学生的学习起点

学生的学习起点，简单地说，就是学生学习新知识所必须借助的知识储备。它是影响学生学习新知的最重要因素。正如美国教育心理学家奥苏伯尔所说："如果我不得不把教育心理学还原为一条原理的话，我将会说，影响学习的最重要的原因是学生已经知道了什么，我们应当根据学生原有的知识状况去进行教学。"在进行具体的教学设计之前，对学生原有的相关知识、技能、学习方法和学习习惯等方面作具体的了解、分析、掌握，才能"知己知彼"有的放矢地设计教学活动。

（一）了解学生的学习起点

（1）对学生学习内容的认知和态度了解。具体包括：了解学生的学习先决能力，即学生来自先前的学习，而为后续学习准备的行为和能力；了解学生掌握达成本学科教学目标的情况；了解学生的学习态度情况。美术学习特别强调积极参与、善于观察、勇于创新、耐心细致、互助合作等学习态度，这些优良的学习态度，既影响美术教学的过程，也是美术育人的目标。

（2）对学生学习风格的了解。由于学生的学习个性、学习方法的差异性，对于思维、认知习惯、解决问题的方式也会有所不同，从而形成不同的学习风格。具体表现为：学生会有自己喜欢的学习策略、方式和具体方法；学生的学习风格由于习惯和喜好的原因，具有相对的稳定性。

把握学生的学习起点，就是教师以学生学习的逻辑起点为基础，通过课前预习准备或上课的导入环节的考察，充分了解学生学习的现实起点，及时重组与改造教材所提供的学习资源，重新设计、整合，创生出新的学习资源，使学生在对问题探究中达到对新学习内容的掌握，从而改善或者丰富学生的学习方式，提高学生学习能力，提升教学质量。

（二）怎样了解学生

（1）观察法。观察是了解学生的基本方法，教师应有计划地通过课堂教学、课外活动等了解学生的内心世界、学生的思想品德、兴趣、才能和行为作风等，必须集中注意观察所了解对象的活动，把学生的思想与言行结合起来考察。教师与学生要建立良好的师生关系，通过平时的交流互动，仔细地进行观察，进行认真分析，通过学生的言行，掌握学生的真实情况，切忌主观臆断。

（2）谈话法。谈话是了解学生的重要方法，教师有选择、有目的地找个别或部分学生谈话，可以深入了解学生或集体的情况，掌握他们的思想动态。为了使谈话目的明确，中心突出，方式恰当，在谈话过程中，对学生的态度要和蔼、亲切、自然，要善于启发学生讲真话，注意耐心倾听学生说话，并联系以往的一贯表现加以思考。

（3）调查访问。调查访问是深入了解和研究学生的方法，它可分为一般性调查访问和专题性调查访问两种，调查访问的对象很多，包括学生、老师、学生家长等。调查访问的方式有个别访问，开调查会和座谈会，具体方法可根据调查访问的目的要求来确定。

（4）运用学生成长档案袋。所谓"小学生成长档案袋"，就是保存一个学生成长状况的各种文字和资料。给学生建立"成长档案袋"能多层面地、多方面地展示学生的学习成果、学习态度，为教师全面、客观地认识学生、理解学生提供直观的依据。

第二节 教 材 分 析

一、教材与美术教材

教材是有关师生教学内容的材料，是开展教学活动的主要依据。教材的定义有广义和狭义之分。广义的教材指课堂上和课堂外教师和学生使用的所有教学材料，比如教科书、练习册、活动册、故事书等。教师自己编写或设计的材料也可称为教学材料。计算机网络上使用的学习材料也是教学材料。总之，广义的教材不一定是装订成册或正式出版的图书。凡是有利于学习者增长知识或发展技能的材料都可称为教材。狭义的教材即教科书。教科书是一个课程的核心教学材料。教科书除学生用书外，几乎无一例外地配有教师用书，很多还配有练习册、活动册以及配套读物、音像带等。

美术教材是指美术课内、课外教学中，教师和学生使用的所有教学材料，如美术教科书、教案、讲义、课件、辅导资料、视频、幻灯片、图片、画册、教学实物、美术工具材料等。简而言之，就是在美术教学中用到的所有有利于教师教和学生学的材料，都可以称为美术教材。中小学美术教材是根据《义务教育美术课程标准（2011 年版）》提出的课程目标、内容标准和施教建议，选编和组织的具有一定范围和深度的美术知识和技能体系的教学材料，是美术课程的重要载体。随着美术教育改革的深入，国家不再统一规定教材，而是由各省（自治区）市组织编写，同时鼓励开发乡土教材。现在，中小学美术教师不仅参与教材的选订，还可以在使用过程中加以改进和创新，可以自编教材。

基础教育美术课程改革以前，美术教材强调的是美术学科知识体系构建和美术知识技能的学习。现在的教材则以学生发展为立足点和归宿，强调以学生为主体，遵循学生的认知规律而编著。对小学美术教材的分析与研究，是教师把握、领会和组织教材以便教学展开的一种实践活动，它是教学准备的重要工作。

二、认识和理解小学美术教材

认识和理解教材是教材分析与研究的第一步。认真阅读教材，熟悉本段教材的章、节名称，主要内容和类型，达到能理解教材编写目的、层次与顺序的程度。

（一）识别教材的内容

认识和理解教材，首先要明确教材的内容属于哪部分知识或技能，还要研究本段教材中各个具体内容分别属于哪部分知识、技能，以便依据不同类别知识、技能的特点和教学规律，选定适当的教学策略与方法。按照《义务教育美术课程标准（2011 年版）》的编写规定，小学美术教科书的特点有：（1）强调趣味性的美术教学，以各种丰富多彩的活动方式设计教学内容，贴近学生的生活经验和感兴趣的事物，有利于学生学习方式、主体性的发挥和个性的张扬。（2）兼顾学生个性发展和知识技能两个方面的需要，既顺应学生的生理、心理发展需要，突出情感、学习态度、价值观的养成，又循序渐进地传授基础知识和基本技能。

（二）把握知识、技能的要点或知识点

小学美术教材按照美术学习的方式划分为四个学习领域，即"造型·表现"；"设计·应用"；"欣赏·评述"；"综合·探索"。具体来看，"造型·表现"是美术学习的基础，其活动方式更强调自由表现，大胆创造，外化自己的情感和认识。"设计·应用"学习领域的活动方式既强调形成创意，又注意活动的功能目的。外化性行为特征是上述两个学习领域的相同点，而区别在于前者更注重自由性，后者更注重功能性。"欣赏·评述"这一学习领域则更注重通过感受、欣赏和表达等活动方式，内化知识，形成审美心理结构。"综合·探索"学习领域提供了上述美术学习领域之间、美术与其他学科、美术与现实社会等方面相综合的活动，旨在发展学生的综合实践能力和探究发现能力。

上述四个学习领域的划分是相对的，每一学习领域既各有侧重又互相交融，紧密相关，形成一个具有开放性的美术课程结构。

（三）理解教材编写的思路与内容的逻辑关系

要分析教材对基础知识和基本技能的表达方式和程序，研究图片资料、练习与知识、技能穿插编排的意图，从中领悟出教材提供的教与学的过程和方法，明确教材的思路及其

内在的逻辑关系，以此作为理解教材的一个重要方面和设计教学过程的重要依据。

美术教材是以各种丰富多彩的美术活动为主线，以浅入深出的基础知识和技能为副线，主副线密切关联，穿插并行的基本体系设计。以时间节点将一年级至九年级分为四个学段：第一学段：一年级至二年级（小学低年级）；第二学段：三年级至四年级（小学中年级）；第三学段：五年级至六年级（小学高年级）；第四学段：七年级至九年级（初中）。这四个阶段既有利于小学和初中的衔接，也适用"五四"和"六三"两种不同学制的地区使用。

（四）明确教材在知识体系中的地位和作用

掌握新旧知识、技能的联系，是搞好新知识、技能教学和实现知识系统化的重要环节。教师应该认真研究教材内容中的新知识和前后教材中知识的关系，发掘新知识、技能的生长点，以实现知识、技能的正迁移。还要分析教材中新内容与相关知识的联系与区别，不断将新知识归纳到学生已有的认知结构中去，努力构建各类知识、技能的网络，从全局上更好地把握和使用教材。

（五）美术教材分析的方法

通常需要认真研读教材内容，结合课标要求以及教师用书，分析相关线索，即：知识逻辑线索、学生认识发展的脉络、促进学生认识发展的问题线索、解决问题需要学生参与的活动线索、情境素材证据线索，进而分析教材的教育价值和功能。

（1）理清教材知识线索。分析美术教材，首先要关注到课与课之间的关系、关注教材内部的关联，注意教材内部的各级标题系统，各种活动要求及其背后的功能和价值，通过对教材知识内容的分析确立教材的深广度。

（2）发现教材中的问题指向线索。问题指向线索会指引教师发现教材中重要的知识点，分析问题线索时要关注两点，不仅要关注教材中提出了哪些问题，还一定要关注这些问题的指向。即，提这个问题的目的是什么，跟刚才分析的知识线索是怎样的对应关系，或者说跟学生认识发展是什么关系。我们该如何分析教材中的问题线索呢？教材是通过一个一个的驱动性问题来推动内容逐级深入的。老师在进行活动分析时主要是看两点：第一是活动类型，是基于探究的还是基于观察的；另外是这个活动为什么要探究、为什么要观察思考，它背后的教学目标指向什么。第二要关注这些活动与问题线索、教学目标的关系，也就是关注活动的指向、结果和目标。

（3）关注教材中的活动设计线索。美术教材中都会设计供教师参照的教学活动。分析美术教材要将其也看成一种教学设计，这样就可以和教材形成共鸣，可以站在与教材编写者同行的位置去考虑问题，如教材编写者是想在什么地方开展活动、为什么开展活动？承上启下的关系是什么以及这节课或这个单元计划开展什么活动？这样就不难理解美术教材的编辑意图了。

（4）分析教学情境素材证据线索。美术教学十分重视教学情境的营造，这也是教学方法之一。教材中肯定不是只讲知识，所以我们要分析教材中提供了哪些情境素材和证据。问题是依据什么样的情境提出来的？整个知识发展是借助了什么样的素材和证据去推进的？教材中或明或暗地会有这样的体现，所以我们要去分析这些内容。情境素材证据线索，跟问题线索、活动线索有紧密的联系，教师需要依靠情境素材证据线索才能让问题在课堂上得以提出，让学生明白活动的目的以及解决问题的证据线索，从而思考、开展活动。在进行情境素材证据线索分析的时候要注意情境的动机和目的。

第三节　教学目标和教学重、难点设定

一、设定教学目标

（一）小学美术教学目标的含义

《义务教育美术课程标准（2011 年版）》指出，"美术教学要创设一种文化情境，增加文化含量……使学生树立正确的文化价值观，培养人文精神。"因此，美术教学应该把文化素质培养放在首要的位置上，通过美术教学的文化渗透，加深学生对文化以及历史的认识，并在广泛的文化情境中树立正确的文化价值观，培养人文精神。

美术课程教学目标，是教学过程中师生预期达到的学习结果和标准，是美术教学目标的进一步细化。美术课程教学目标是学校课程教育目标中的分支，学校课程教育目标和非学校各类美术教育目标共同构建了美术教育目标，美术教育目标与其他各类教育目标共同组成人类教育目标，即社会对教育的总需求。

教学目标的整体层次按照概念的大小划分为：教育的总体目标、美术教育目标、中小学美术学科目标、美术各教学领域目标和美术学时教学目标。

具体来看，美术学科的教学目标就是《义务教育美术课程标准（2011 年版）》中规定的美术课程总目标。美术课程总目标按"知识与技能""过程与方法""情感、态度和价值观"三个维度设定。"学生以个人或集体合作的方式参与美术活动，激发创意，了解美术语言及其表达方式和方法、运用各种工具、媒材进行创作，表达情感与思想，改善环境与生活、学习美术欣赏评述的方法，提高审美能力，了解美术对文化生活和社会发展的独特作用。学生在美术学习过程中，丰富视觉、触觉和审美经验，获得对美术学习的持久兴趣，形成基本的美术素养。"《义务教育美术课程标准（2011 年版）》中还规定了小学美术各教学领域的具体目标，即美术课程目标的分目标。

美术课程目标从"造型·表现"、"设计·应用""欣赏·评述"和"综合·探索"四个学习领域设定的具体目标是：

1. "造型·表现"学习领域

（1）观察、认识与理解线条、形状、色彩、空间、明暗、肌理等基本造型元素，运用对称、均衡、重复、节奏、对比、变化、统一等形式原理进行造型活动，增进想象力和创新意识。

（2）通过对各种美术媒材、技巧和制作过程的探索及实验，发展艺术感知能力和造型表现能力。

（3）体验造型活动的乐趣，敢于创新与表现，产生对美术学习的持久兴趣。

2. "设计·应用"学习领域

（1）了解设计与工艺的知识、意义、特征与价值以及"物以致用"的设计思想，知道设计与工艺的基本程序，学会设计创意与工艺制作的基本方法，逐步发展关注身边事物、善于发现问题和解决问题的能力。

（2）感受各种材料的特性，根据意图选择媒材，合理使用工具和制作方法，进行初步的设计和制作活动，体验设计、制作的过程，发展创新意识和创造能力。

（3）养成勤于观察、敏于发现、严于计划、善于借鉴、精于制作的行为习惯和耐心细致、团结合作的工作态度，增强以设计和工艺改善环境与生活的愿望。

3."欣赏·评述"学习领域

（1）感受自然美，了解美术作品的题材、主题、形式、风格与流派，知道重要的美术家和美术作品以及美术与生活、历史、文化的关系，初步形成审美判断能力。

（2）学会从多角度欣赏与认识美术作品，使学生逐步提高视觉感受、理解与评述能力，初步掌握美术欣赏的基本方法，能够在文化情境中认识美术。

（3）提高对自然美、美术作品和美术现象的兴趣，形成健康的审美情趣，崇尚文明，珍视优秀的民族、民间美术与文化遗产，增强民族自豪感，养成尊重世界多元文化的态度。

4."综合·探索"学习领域

（1）了解美术各学习领域的联系以及美术学科与其他学科的联系，逐步学会以议题为中心，将美术学科与其他学科融会贯通的方法，提高综合解决问题的能力。

（2）认识美术与自然、美术与生活、美术与文化、美术与科技之间的关系，进行探究性、综合性的美术活动，并以各种形式发表学习成果。

（3）开阔视野，拓展想象的空间，激发探索未知领域的欲望，体验探究的愉悦与成功感。

（二）小学美术教学目标确立的主要依据和结构组成

确立小学美术教学目标的主要依据是小学美术课程目标、学生学习前的准备状况（包括心理的、知识水平、能力、态度兴趣等方面的）、学科与社会发展、美术教材等。还要注意保持美术教学目标与其上位目标方向的一致性。值得注意的是：由于对学生身心发展的规律、社会需求的重点以及学科知识的性质和价值、美术教材编制等的看法存在差异，人们对几者之间关系的理解也不尽相同，对教学目标的取向也会有所不同。在教学目标的取向上，主要有以下四种基本形式：

（1）普遍性目标。是指的宏观上的教育一般性的宗旨或原则，因为不够具体明确，所以不能直接用于指导教学。《义务教育美术课程标准（2011年版）》中提出的"使学生树立正确的文化价值观，培养人文精神"也属于普遍性目标，如将之直接定为某一节美术课的教学目标，就显得过于笼统和抽象，缺乏具体内容的明晰规格。

（2）行为性目标。是指教学过程结束时学生所发生的行为的具体变化。其基本特点是目标的精确性、具体性和可操作性。如"能认识12种以上的颜色""掌握拓印基本技法"等都属于行为性目标。美术教学中知识与技能类目标多属于行为性目标。

（3）生成性目标。指在教育情境中随着教育过程的展开而自然产生的教学目标，是教学情境出现之后再加以考虑，逐步完善而生成的目标。它的优点是强调目标是在教育过程中学生与教育情境的交互作用中产生的，而非教育者代表社会强加给学生的。

（4）表现性目标。指每一个学生在具体教育情境的各种相互作用中产生的个性化表现。它尤其重视教师和学生在课程教学中的自主性、创造性的体现。它体现人的个性和美术反映的多元性，是唤起性的，而非规定性的。它虽然明确指出学生会遇到的学习情境、需要处理的问题，但并不指定学生将从这些际遇中学到什么。如"尝试运用线条的粗细、长短、方向，表达自己的内心情感"。

这四种目标的表达形式各有特点，我们应该根据教学实际取长补短，综合使用，确定出有丰富层次结构的美术教学目标系统。总的来说，美术课程的教学目标，应该是普遍性目标、行为性目标、生成性目标、表现性目标的有机组合，形成合为一体的教学目标系统。

（三）小学美术课堂教学目标的设计

课堂教学目标是指教学活动预期达到的结果，是教育目的、教学目标和课程目标的具体化，也是教师完成教学任务所要达到的要求和标准。课堂教学目标是在某一学科的课堂教学中，教师需要根据课程目标和具体的教学内容来确定详细的教学目标以便选择教学内容和确定教学效果。课堂教学目标比课程目标更具体，是课程目标在具体的教学过程中的体现。

1. "知识与技能目标"的设计

学生学会美术思维和创作的方法，能用美术语言和视觉的方式表达出自己的情感和思想。例如，理解美术语言是指以美术作为交流媒介，由造型要素按一定的组织原理所构成的可视化的符号系统；掌握造型要素是由形（点、线、面、形状、形体）、色（明暗、色彩、色调）、材料（材质、肌理）等构成以及审美形式规律（对称与均衡、节奏与韵律、对比与和谐、多样与统一等）。

美术不仅仅能培养学生审美、创作、设计和制作等能力，而且还是学生认识世界、学会学习、学会生存以及成长发展的基本条件。所以，美术教育要改变原有"难、繁、偏、旧"的内容，过于成人化、专业化等弊端，既要把美术知识与技能的学习作为重要的教育目标，也要把"过程与方法"、"情感态度与价值观"作为教育目标。由于"过程与方法"、"情感态度与价值观"是不可能单独操作的，所以应当渗透在美术知识与技能教学活动中。

2. "过程与方法目标"的设计

学生能以个人或集体合作的方式参与美术活动，尝试各种工具、材料和制作过程，发展美术实践能力，即说明学生用什么方法完成美术作品；学生通过什么活动完成什么任务等。

美术的"过程与方法"不仅仅是美术创作的过程和方法，而且是具有方法论意义的学习过程和学习方法。教学设计中，尤其要注意"学法"的研究，从老师的角度讲，就是研究如何使学生学得积极主动，使学生学会学习。

3. "情感态度与价值观目标"设计

学生能够体会美术活动的乐趣，获得对美术学习的持久兴趣，激发学生的创造精神，陶冶其高尚的审美情操，完善其人格。情感目标设计是说明学生表达了什么样的情感和思想；态度与价值观设计是指学生能形成怎样的学习态度。例如，学生能体会到美术学科的人文性质吗？能让学生产生什么观念？深化学生的哪些思维和认识？有利于学生产生新价值观吗？等等。

情感是和人的社会性需要相联系的一种复杂而又稳定的态度体验。例如，道德感、审美感、理智感、爱与恨的体验等，是人指向真、善、美的高级情感。态度是个体基于过去经验对其周围的人、事、物持有的比较持久而一致的心理准备状态或人格倾向，包含认知成分、情感成分和行为意向成分三部分。价值观是对经济、政治、道德、金钱等所持有的总的看法。

情感、态度与价值观三者是人的精神领域相互联系、相互影响，而且涉及范围很广的三个概念。其中，价值观是一个人思想意识的核心，它影响人对事物进行价值判断，进而影响人的态度和行为。情感则是人对事物的心理反应，伴有外显的行为和表情。而态度既受到价值观的影响，又决定着人的行为，处于人的观念和行为的"中介"地位。

教师设置三维目标应注意的问题：

（1）注重知识与能力目标的设计与表述，忽略了学生学习过程和情感体验的目标设置，避免教师依然不自觉地以学习美术知识和认知过程作为课程价值取向。

（2）课程教学目标设计不能只以教学经验和课程理论为依据，要重视认知心理学和教育哲学的学习，强化理论支撑。

（3）教师设置目标时不能只看到学生的过去和现状，而忽视了学生未来的发展。教学应该最大限度地开发学生的潜能，促进学生成长。

（4）既要确保本学段的课程目标的实现，又要关注不同学段之间、小学和中学之间的衔接问题。

（5）三维目标应方向明确，界限分明，既重视显性目标，又要重视隐性目标。

（6）教师不能只顾设置自己的教学目标，而忽视学生的学习目标。

美术课程三维目标的知识领域并不是孤立的，而是既分层次又互相联系、统一在一起的。新课程主张三维目标的实现，但并不是要求每一节课的三维目标都是均衡实现的，而是要求在全部教学中来整体实现。

二、明确教学重点和难点

（一）教学重、难点的概念

教学重难点就是教学重点与教学难点的合称。教学重难点是书写课时教学计划的必备要素之一。

教学重点就是学生必须掌握的基础知识与基本技能，是基本概念、基本规律及由内容所反映的思想方法，也可以称之为学科教学的核心知识。

教学难点是指学生不易理解的知识，或不易掌握的技能技巧。难点不一定是重点，也有些内容既是难点又是重点。难点有时要根据学生的实际水平来定，同样一个问题在不同班级的不同学生中，就不一定是难点。在一般情况下，使大多数学生感到困难的内容，教师要着力想出各种有效办法加以突破，否则不但这部分内容学生听不懂学不会，还会为理解以后的新知识和掌握新技能造成困难。

教学重点多指向的是教师与教材的关系，而教学难点更多的指向的是教学内容与学生之间的关系。课堂教学要讲究分散重点，突破难点。教学重点要分散，既让学生易于接受，又减轻学生负担，这正是教学艺术性的体现。

（二）教学重难点的成因

（1）教学重点的形成主要有以下三个方面的原因：从学科知识系统而言，重点是指那些与前面知识联系紧密，对后续学习具有重大影响的知识、技能，即重点是指在学科知识体系中具有重要地位和作用的学科知识、技能。从文化教育功能而言，重点是指那些对学生有深远教育意义和功能的内容，主要是指对学生终生受益的学科思想、精神和方法。从学生的学习需要而言，重点是指学生学习遇到困难需要及时得到帮助解决的疑难问题。相对于形成重点的三个方面，重点可分为知识重点、育人重点和问题重点。而按重点的地位和作用又可把重点分为全书重点、单元重点，还有课时重点。单元重点是贯穿于全单元的主干知识、技能与方法；课时重点是指课堂教学时的重点。课时重点可以是单元重点，也可以不是。如，对于学生学习中普遍存在的疑难问题，教师教学时就会专门拿一节补救课（或称为纠错课）来解决。这时如何消除学生存在的疑难问题就成了教学的重点，即课时重点，但问题解决后，若它在后面的学习中又不起支撑和奠基作用，则它就不再是重点了。对这类只限于该节课的重点（一旦该节课学习结束后它就不再是重点了），则称其为"暂时重点"。

（2）教学难点的形成主要有以下几个方面的原因：一是该知识远离学生的生活实际，学生缺乏相应的感性知识；二是该知识较为抽象，学生难于理解；三是该知识包含多个知识点；四是该知识与旧知识联系不大或旧知识掌握不牢或大多数学生遗忘了与之联系的旧知识。在教学中，对于第一种难点，则应通过利用学生日常生活经验，充实感性知识得以突破；若属于第二种，则利用直观手段，尽量使知识直观化、形象化，使学生看得见，摸得着；如果难点属于第三种，则应分散知识点，各个击破；如果难点属于第四种，则应查漏补缺，加强旧知识的复习。因此，突破难点，关键在于对造成难点的原因进行分析，原因找准了，对症下药就不难了。

（三）确立教学重难点的方法

（1）依据学生情况。确立教学重难点，要考虑到学生的学习情况，深入了解班级实际和学生具体的认知能力、知识水平、学习态度、学习习惯、学习兴趣等。了解学情等总体情况后，教师可以依据自身经验，反复比较权衡后，设定的本课程的教学重难点才能是合理、正确的。即便是同一内容的课程，在不同班级教学，其重难点也会有所不同。学生认知水平是重难点确定的重要依据，在教材没有变化的情况下，教师还可以结合往届学生的学习情况作为参照。

（2）依据课程标准。课程标准是实施教学的依据和准则。《义务教育美术课程标准（2011年版）》就是基础教育阶段美术课程教与学的基本准则。它不单规定了美术课程的性质、价值，还规定了不同学习领域和不同学段的教学目标和重要的知识、技能、情感体验的知识要点，是学生在某一个阶段要达到的总体水平。教师必须深刻领会课标精神和要求，以此为依据，结合具体课程内容，分析某节课的教学重点、教学难点。如课标中，明确提出第二学段的造型表现领域的教学目标是"初步认识形、色、肌理等美术语言，学习使用各种工具，体验不同媒材的效果，通过看看、画画、做做等方法表现所见所闻、所感所想的事物，激发丰富的想象力和创造愿望"，那么教师教学重点或难点就应该全部或部分包含这些内容。

（3）依据教材内容。基础教育阶段的教材，其知识体系是按照学科知识框架设置，遵循学生身心发展的需要而设计的。其结构一般是由易到难、由浅入深的。教师在确立教学重点时，应考虑到美术知识学习的有序性，从而合理安排。有经验的教师会依据教材内容的提示来设立教学重点。美术教材的编排特征基本上是图片多，文字内容很少。但这些文字都是设计者依据课标要求，精心思量的结果，是为教师教学提供的思路和提示。一般来说，教学重点或难点会蕴含其中，需要教师逐字逐句认真体会。例如，人美版的教材中文字部分基本分为：课题、内容简介、学习建议和提示、思考和讨论四个部分，如果细读其中的文字，教师很快就能明了教学中的重点和注意的问题，这也是教师确定教学重难点的关键线索。

三、教学方法的种类

美术教学方法是教师和学生为了达到美术教学的目标，完成教学任务，在美术教学活动中采用的教学方式的总称，包括教师的教法和学生的学法以及教学活动的顺序。美术教学目标的实现、教学原则的贯彻、教学过程的进行等都离不开教学方法。只要能契合素质教育宗旨的，能促进学生学习的方式、方法都是好的教学方法。

（一）以语言传递信息为主的教学方法

1. 讲授法

讲授法是教师通过生动的语言，向学生传递信息、传授系统知识的教学方法。主要是教师讲、学生听，它是使用范围较广、频率较高的教学方法。但是单纯的讲授并不能更多地引起学生的注意，它对教师的艺术表达语言、知识面等有着非常严格的要求。讲授的形式包括讲述、讲解、讲读等。讲授法的优势是知识系统，逻辑性强，照顾面宽，劣势是容易使学生处于被动状态，缺乏感性知识。讲授法要求教师所表述的内容有科学性、思想性和系统性，以给学生符合逻辑的完整的概念；语言要清晰、准确、精练，通俗易懂，富有激情和感染力；要善于洞察学生的反应，及时调整讲授的内容，变换讲授的方式。讲授法可以借助板书、板绘或示范画等直观的方式，加深学生的印象，促进理解。例如介绍中国画发展历程、介绍美术家生平历史；讲解绘画的方法步骤和手工艺制作过程等，都可以运用此方法。

运用好讲授法必须有很好的语言表达能力。教学语言是教学信息的主要载体，是教师完成教学任务的主要工具。前苏联教育家苏霍姆林斯基说："教师的语言修养在极大程度上决定着学生在课堂上的智力劳动效率。"[1]

教师的语言修养包含语音、语调、语义、语言逻辑等因素。作为教学语言，教师的讲授应符合以下要求：

教育性。教师在讲授知识的同时，要对学生进行思想、情感和道德品质教育，尽到育人的责任。而要达到教育性，教师就要做到语言优美，蕴涵思想，饱含感情。

学科性。学科性要求教师必须用美术学科的专门用语进行教学；要处理好通俗语言与

---

[1]　转引自孙乃树，程明太. 新编美术教学论. 上海：华东师范大学出版社，2006：135.

学科术语的关系。

科学性。科学性要求教学语言符合学科规范，观点正确，表达准确。

简明性。教学用语的简明性是由教学的特殊性和课堂的特定性决定的。简明，顾名思义就是既要简洁又要明白。它要求教师处理好化繁为简与科学性的关系。如讲色相的概念不能离开物理光学知识，但只能点到为止，无须做详细分析，学生只要知道这是一个美术专业术语及基本含义就行了。

可接受性。讲授法的教学效果很大程度上取决于学生对教师的语言能否领悟和接受。为此，教师讲授时不仅要注意教育性、学科性、科学性和简明性，还要注意语言声调、语速，说话要抑扬顿挫富有节奏，使学生容易接受，乐于接受。

2. 提问法

提问法是教师以提问的形式，与学生以口头语言相互交流进行教学的一种方法，能集中学生的注意力，开拓学生的思维。但是问答法中由于学生的思维能力不同，提出的问题也就会千奇百怪，这就要求教师在课前做好充分的准备，语言、问题难度也要相当考究，否则容易引起课堂的混乱。提问要难易适当，表述要通俗易懂，便于理解；提问形式要多样，如设问、反问、追问等，要富有启发性。提问要面向全体学生，特别要关照程度较低的学生。为了提问不给学生造成压力，要注意创设民主气氛，可以由教师提问，学生回答，也可以是学生提问，学生回答，还可以学生提问，教师回答。教师要在学生回答完毕后给予评价和分析。

提问是启发性教学和探究性教学的主要手段之一，所提问题既可以事先设计好，也可以即兴提问，但无论是有备的提问还是当堂即席的提问，都需要讲究提问的艺术，把握好提问的时机，讲究艺术，起到集中学生注意力、活跃课堂气氛，复习巩固、探索思考、强调或突出重点的作用。

提问有多种情形或类型，应根据教学内容和组织教学的需要加以选择。常见的提问类型有回忆性提问、理解性提问、运用性提问以及分析提问、综合提问、评价提问等。

3. 讨论法

讨论法是教师指导学生以班级或小组为单位就某一课题各抒己见、相互启发、最终解决问题的教学方法。一般是在教师的指导下，学生以班或组为单位、围绕某一个问题组织学生讨论、各抒己见、相互启发或辩论，获得或巩固美术知识。讨论法是一种有计划、有目的的教学探讨。讨论法与提问法有所不同，提问法主要运用于检查学生知识的记忆、引起学生注意或思考等，一般难度不大，有较多的教师主导因素。而讨论法主要运用于对一些较为复杂的综合性问题做较深入探讨，比提问占用课堂教学的时间长，涉及的知识面更广，有一定难度，而且以学生活动为主，教师需要在课前就设计好。

讨论法教学中，教师的角色既可以是讨论活动的发起者和主持人，也可以仅仅是参与者，或者在学生中间扮演观察者、记录者或是仲裁者的角色。要实现这种角色转换，教师要做到：（1）充分信任学生，给予学生充分的自由和话语权。（2）教师要提出讨论的具体要求和目标。如以轮流表述的形式讨论、观点要清晰准确、讨论不要偏离主题、讨论交流要使用礼貌用语等。（3）讨论要充分调动学生的参与度，对害羞的学生加以鼓励，对过于活跃的学生加以抑制，实现讨论的公平与和谐，并适时调控讨论氛围，创设宽松、民主的气氛，增强学生学习的动力和信心。（4）及时关注学生讨论的结果，在必要时对学生的讨论加以干涉，对不合理的观点、结果进行及时的限制和矫正，把控讨论顺利进行的大体方向。（5）教师可以依据具体情况，及时调整其扮演的角色。

（二）以直接感知获得信息为主的教学方法

1. 演示法

演示法也称"示范教学法"，是教师通过亲自操作，演示完成一项工作、一幅画或一件设计作品的过程和方法，或通过模型、实物、范画、幻灯、电影、录像等教具展示给学生观看，使学生通过直观感受，加深对有关理论、原理或方法的正确理解，更有效地进行美术实践的方法。学生通过观看演示，在大脑中形成制作或绘画过程的完整表象，获得生动而又深刻的"直接经验"以后，能够有效地模仿，提高学习效率。演示通常要配以理论的讲解，以使学生在一目了然的情景中更准确地掌握技巧。演示法某种程度上虽然是配合讲授法进行的，但它并不是辅助性的教学方法，尤其是技法教学，演示非常重要，这也是美术直观性原则的要求。应用演示教学法，在演示前教师应制订详尽的演示计划，仔细考虑演示时教师与学生的位置，清楚地说明演示的目的；在演示中，教师应注意吸引并保持学生的注意力，演示步骤示范到位，讲解简洁、明确；演示后，教师应有相关的跟进工作，如提问、复习、重复演示等，以检查学生是否明白其演示；让学生自己提出疑问；针对演示的要点进行总结，增进学生对相关技能的了解等，以便保证良好的演示效果。

美术教学演示法可分为：

（1）完整过程演示。在课堂上现场演示或呈现完整的艺术创作和操作的过程，也可以选取一些画册和参考书中的样板，对绘画步骤进行演示讲解。

（2）分步骤演示。教学中，针对低龄学生或难度较大的技法学习时，教师可以分步骤详细讲解，并且是教师演示一步，学生学习一步，同步讲解，教与学同步进行。

（3）局部重点演示。这种演示方法由教师对技法要求先做大概说明，让学生先动手体验，然后以某个学生作品为对象，针对学习中学生普遍容易犯的问题，作局部修改和示范，并进行辅导。其他学生可以通过围观学习吸取经验，教师以点带全，避免学生重复出现类似问题。

2. 尝试法

尝试法也称"试误教学法"，是由教师设置情境，让学生对某一学习任务经过几次尝试后找到正确答案的教学方法。该法源于美国心理学家桑代克，桑代克根据对动物"学习"实验的观察，认为当被激起动机的情境出现时，动物会进行各种尝试，并迟早会出现一组导致动机满足的"学习方法"。试误学习虽然不是人类学习的主要形式，但运用在美术课中，特别是在创作与临摹教学中，不失为一种培养学生创新思维和探索精神的好方法。美术教学中，教师可以依据试误法原理，在轻松愉悦的氛围中，鼓励学生反复尝试操作，直到正确为止。在试误教学法的运用中，教师要注意对尝试的目标和内容仔细推敲，设计合理的试误进程，不能超越学生的认知范围和能力；在学生的反复试验、试误过程中，要及时给予鼓励，注意学生的耐性和积极性的变化，并引导学生及时进行总结。

3. 参观法

参观法是教师根据教学实验需要，组织学生到大自然或社会特定场所，观察、接触客观事物或现象，以获得新知识和巩固、验证已学知识的教学方法。参观法能使学生获得丰富的感性知识，加强理论和实际联系，提高兴趣，发展能力，培养积极情感。参观的地点可以是美术展览馆、博物馆、风景名胜区、文化遗址、动植物园，也可以是工厂或田间。参观法是十分适合美术教学的方法，它能让学生以艺术的眼光看待自然和社会，认识其中的美术现象，既丰富了美术教育资源，又开阔学生视野。如，学习美术鉴赏与批评、美术原理、美术史论的课程时可以到美术馆、博物馆、艺术馆参观考察，帮助学生理解和验证某些艺术知识和艺术现象。

参观时，教师应该注意组织学生，注意安全；参观前要明确参观目的，布置好参观任务；参观时要鼓励学生独立思考，允许学生提问和质疑；要让学生注意"看、听、记、评"，不能走马观花，结束时要进行总结。

（三）以实践训练为主的教学方法

1. 练习法

学生在教师的指导下，依靠自觉的控制和校正，反复地完成一定动作或活动方式，借以形成技能、技巧或行为习惯的教学方法。从生理机制上说，通过练习使学生在神经系统中形成一定的动力定型，以便顺利地、成功地完成某种活动。练习在各科教学中得到了广泛的应用，尤其是工具性学科（如语文、外语、数学等）和技能性学科（如体育、音乐、美术等）。练习法对于巩固知识，引导学生把知识应用于实际，以形成技能技巧，发展学生的能力以及形成学生的道德品质等具有重要的作用。这是中小学美术教学活动中最主要的教学方法，是美术实践性原则的基本要求。美术教学一贯重视学生的美术技能练习。然而，新的教学观念认为，发展具体的美术技能固然重要，但不能忽视想象、思维、探索和个性创造能力的培养，而且这些能力需要通过必要的练习才能获得。学生没有"练"，便没有切身体验，想象就飞不起来。因此，教师应当尽可能多地留出时间让学生进行实践、练习。练习法包括视觉观察练习、造型技法练习、工具材料操作练习和形象思维、逻辑思维练习等。

运用练习法，要注意以下五个方面：

（1）明确练习的目的和要求。练习不是简单的机械的重复，而是有目的、有步骤、有指导地形成和改进学生技能、技巧，发展学生能力的过程。因此，在练习时，教师要有明确的目的，而且也要使学生了解每次练习的目的和具体要求，并依靠对教材的理解自觉地进行练习。

（2）精选练习内容。如何练习或练习哪些内容，要根据教学目的和学生实际情况加以选择；要在加强基本技能训练的同时，注重创造性练习，使学生能举一反三，触类旁通，促进学生艺术技能的积极迁移发展。

（3）运用正确的练习方法。不论何种练习，练习的方法要科学可行，练习的方式要适当多样化，保持学生思维的积极性。有的练习可采用全部练习法，从头至尾全面尝试和练习；有的练习可采用分段练习法（又称单项或分步练习法），即把某种复杂的操作活动，分解为几个部分，先专门练习其中的某一部分，然后再过渡到综合练习。练习开始时，教师通过讲解和示范，使学生获得有关练习的方法和实际动作的清晰表象，然后学生进行练习。先要保证练习的正确性，而后再强调熟练度，进而掌握练习的内容。

（4）科学地分配练习的分量、次数和时间。技能、技巧或习惯的形成，都需要足够的练习。但是，练习并不是越多越好，练习的次数、分量要根据学科安排和设计来确定，练习更要考虑学生的年龄特征。一般来说，适当的分散练习比过度的集中效果好；开始阶段，练习的次数要多一些，每次练习的时间不宜过长，然后可逐渐延长练习的时距，每次练习的时间可略微增加。

（5）反思练习的结果。每一次练习之后，检查哪些方面有成效，哪些方面存在着缺点或错误，保留必要的、符合目的的动作，舍弃多余的动作，或组织一些校正性练习。积累练习中总结的技巧，必要时进行理性的总结，梳理练习过程，形成自己的练习成果。

2. 评鉴法

评鉴法是通过对美术作品的鉴赏和对学生作业的评价，使学生理解、领悟美术的实质和内涵，达到提高审美判断能力的教学方法。历史上的美术遗存、名家名作承载着丰富的历史和文化，是开展评鉴的好素材，学生的美术作业反映学生的学习成果，也是评鉴不可忽视的素材。前者对提高学生审美素养有益，后者对提高学生实际美术水平有利。

（四）以情境陶冶为主的教学方法

1. 情境法

情境教学法是指在教学过程中，教师根据教学需要有目的地引入或创设具有一定情绪色彩的、以形象为主体的生动、具体、形象的学习情境，以引起学生一定的态度体验，使之身临其境，从而帮助学生理解教材，并由此引发相应的情感和态度来促进学习的教学方法。情境教学法的核心在于激发学生的情感，营造教学中的特定情境，调动人的原有认知结构线索，起到一种唤醒或启迪智慧的作用，再经过思维的内部整合，人就会感悟或产生新的认知结构。情境教学具有鲜明的形象性、生动的情节性、优美的艺术性的特点，能够营造情景交融、生动活泼的"乐学"环境，有助于提高学生学习的积极性。情境法建立在学生心理逻辑基础上，能改变千篇一律的常规教学形式和枯燥呆板的教学气氛。日益发展的现代教学技术设备和教学技术手段丰富了情境教学的形式。教学中营造的情境是经过对社会和生活进一步提炼和加工而形成的，这些情感体验能够有效地强化调节性、动力性、感染性、强化性、定向性、适应性、信号性等认知的辅助功能。美术教学中创设良好学习情境的方式较多，如树立榜样、生动形象的语言描绘、课内游戏、角色扮演、开展游戏、诗歌朗诵、绘画、体操、音乐欣赏、游览观光等。教师要根据教学的具体内容和学生年龄特征进行选择。

2. 欣赏法

欣赏，是一种心理的、情绪的反应，是某个人对于周遭的人或物给予一种评价，继而产生了好恶。美术教学中的欣赏法是指在教师的引导下，学生以欣赏活动为主的教学方法。其主要特点是通过教学中的欣赏活动，使学生在认知作品的美术价值后产生情感反应和审美愉悦。欣赏法教学能帮助学生养成对事物进行正确判断的态度，并能指导学生以欣赏的眼光认识艺术价值、评估艺术价值，然后在价值的辨别中，建立标准。同时，欣赏法还能陶冶学生的性情。欣赏教学的目的，就在于培养学生的兴趣，涵泳学生的感情，使他们开阔心胸，超脱私利，能够享受人生的乐趣。另外，欣赏教学除了情感的陶冶，还能指导学生学会理智地欣赏，进而养成深思与研究的习惯，形成追求真理的精神和浓厚的求知兴趣。欣赏法有两种类型：一是欣赏作品的审美特质，如造型、色彩、线条的美感等；二是欣赏作品艺术语言的表现力，如中国画笔墨艺术、油画的笔触技巧的表现力等。

教师在运用欣赏法时要注意：

（1）选择合适的欣赏内容，一般依据内容或教材相关内容。欣赏内容要适宜于欣赏，有赏析价值，更要合乎学生的程度、能力和经验以及适合欣赏的情境。欣赏的内容最好选取经典作品和名家名作。若选取的内容学生不了解或是远离学生生活经验，不易令学生欣赏，也使其无欣赏的欲望。所以，美术课欣赏法教学要合乎时令和环境，这样才能增加学生欣赏的兴趣和增强欣赏的效果。

（2）提供基本的欣赏知识。对美术基本知识了解越多，知识储备越丰富，就越能对欣赏产生兴趣，也就越会欣赏。所以指导欣赏时，教师要尽量提供必要的知识和经验，以激发学生欣赏的兴趣。

（3）避免过度分析，强调运用想象。欣赏是一种感性认知。欣赏虽然需要具备一定的知识和经验，但在欣赏的过程中，应避免过于理智的分析，妨害学生对艺术作品的感性认知，欣赏是个人情绪的反应，是"仁者见仁，智者见智"的活动，若过于站在理性的角度去分析作品，则容易干扰学生的主观认知，破坏作品给人的情绪感染，反而适得其反。所以，在具备一定的赏析知识后，教师可多鼓励学生以联想进而想象的方式去感受作品。想象本身就是欣赏的一部分，学生想象力越丰富，必然越会欣赏。而且许多美术作品，均非学生所能亲身经历，更需要学生通过想象来理解作品。

（4）充分利用教具。美术教学的教具种类很多，适当使用可以加强教学效果。美术教学应用幻灯、图片、音乐、影视片段、录音、广播、实物、原作等教具教学，可以加深学习和欣赏的印象，而且历久不忘。

（五）以引导探究为主的教学方法

1. 留空法

"留白"原是国画创作中的一种构图方法，它的意思是计白当黑，可以收到虚实相映，形神兼备的效果，创造出无画处皆成妙境的艺术境界。教学的"留白"是指教师教学时有意识地留出一定的内容不讲，即对所讲内容有所保留，让学生通过自己的理解、思考、推测和实践去主动完成。从某种意义上说，"教是为了不教"，教师的教是为了让学生学会学，教师教得越多越详尽，学生就越依赖、越被动；"教"占有的时间越长，"学"的时间就越短。因此，多采取留空法，给学生更多自由独立思考和实践的时间是十分必要的。

留空法教学时教师要注意：

第一，留出时间的空白，让学生展现思维过程。在课堂教学中，教师不仅要引导学生思考，还要留出时间的空白，给予学生充分思考的时间。很多教师在教学中，问题一提出，就马上要求学生回答。如果学生答不对或答不准，教师就会急于讲出答案，甚至不给学生思考的时间，直接自问自答。教师应该给予学生充分的时间准备，使其针对问题积极思考，这样学生的思维才能得到应有的锻炼。此外，在课堂上教师不要满堂"讲"，应留出时间让学生自己去感悟、去领会，避免学生出现心理疲劳、走神等现象。

第二，留出结果的空白，给学生以思考的空间。美术作为人类思想和精神的结晶，其艺术创作、欣赏、评价都没有所谓的标准答案，而是开放式的。在美术教学中就更不能用所谓正确的、标准的答案来取代学生的思想感受，教师鼓励学生直抒胸臆，真实地表达自己思考的结果。由于每个学生都有不同的爱好、个性和特长，都有自己独特的理解方式和思维方式，教师不能以自己的结论代替学生思考的结果，这样只会束缚学生的思维，抑制学生的个性，阻碍学生的创造精神，将是美术教育的灾难。

2. 发现法

发现法又称探索法、研究法、现代启发式或问题教学法，指在教师指导下，由学生自己发现问题、探索问题和解决问题的教学方法。它是教师在学生学习概念和原理时，只是给他一些事实（案例）和问题，让学生积极思考，独立探究，自行发现并掌握相应的原理和结论的一种方法。它是在教师的启发下，以学生为主体，独立实现认识过程。学生能自觉地、主动地探索、认识；思考解决问题的方法及步骤；研究客观事物的属性；发现事物发展的起因和事物的内部联系，从中找出规律，形成自己的概念。发现法是一种古老的教学方法，卢梭、斯宾塞、杜威等教育家都发表过有关论述，但直到 20 世纪 60 年代，经美国认知心理学家布鲁纳的大力提倡，才成为重要的教学方法，被人们广泛采用。这种方法的特征是：主要的学习内容（概念、规划）不直接呈现，只提供有关线索或例证，学生必须通过自己的发现，得出结论或找到解决问题的答案。发现法主要体现为学习方法，可分为独立发现学习法和指导发现学习法。前者在性质上与科学研究相同，教学中不多见；后者则多用于课堂教学。发现法基本的典型的学习过程是，首先掌握学习课题（即要思考和发现的主题），而后提出假设，思考解决问题的各种可能的假设和答案，最后进行补充、修改和总结。

古人云，"法无定法"，"无法之法，乃为至法"。每一种教学方法既然被总结、创造出来，就有相对的稳定性，但每一种教学方法都是一种综合体，很难归属于某一类，分类只是相对的，实际教学中，我们不应该局限于某一种方法，而应该让多种方法完美地融合在教学中，优化教学过程，达到提高教学效率和教学效果的最终目的。

四、不同学习领域的具体教学方式

（一）"造型·表现"课教学方式

"造型·表现"课对培养学生的观察力、形象记忆力、表现能力和创造力，有着非常重要的作用，"造型·表现"教学涉及的门类较多，小学阶段主要有绘画、陶艺、泥塑等，虽然门类不同，但基本教学方法是一致的。小学美术课程中数量最多的是绘画教学，同时也是"造型·表现"学习领域的主要内容。下面主要以绘画教学为例谈谈"造型·表现"课的教学方式。

1. 从培养观察力入手培养造型与表现能力

培养学生的观察能力是绘画教学首先要做的。没有观察就没有绘画，无论是写生，还是临摹，都需要观察。观察能力的重要性决定了培养学生正确观察方法的必要性。这里讲的正确观察方法并不全指先整体后局部的"成人观察方法"，还包括先局部后整体的"儿童观察方法"。儿童有他们独特的观察方法，他们往往先从自己最感兴趣的部位开始观察，或者先从颜色最漂亮的部分开始观察，并从这里开始画，然后画完全部。鲁道夫·阿思海姆认为儿童绘画作品"是再现简化的一般结构特征的作品"①，这也证明了儿童的这个观察特点。每个孩子都有自己观察、认识事物的方法，而且都能生动地把握事物的一般结构特征。近年来，随着心理学研究的深入，儿童观察能力的培养受到广泛重视，人们正在避免用成人方法去要求学生，而是着力根据儿童观察的特点去培养儿童的"直觉思维"能力。这不但有助于儿童敏锐的直觉能力的形成，也有利于保持儿童绘画作品的生动性和画面的童趣。

2. 借助生活经验和其他学科知识解析绘画理论

从小学高年级起，学生开始接触到透视现象和粗浅的绘画理论知识，此时，如果他们还停留在"直觉思维"水平，完全依赖"直觉"，则显然无法胜任作业的要求。教师应逐步教授一些绘画理论。由于绘画理论比较专业，没有一定时间的美术实践，不太容易理解，这就要求教师引导学生借助生活经验和其他方面的知识来进行理解。如讲"近大远小"透视规律，先让学生注意一个现象：透过窗户看远处的风景，能看到许多"比窗户大"的风景，但一张小纸挡在窗户上，就能把这些风景全部挡住。通过这个现象解释"近大远小"的透视规律，就显得不那么抽象难懂了，学生就"认同"甚至理解这个规律了。此外，教师要善于引导学生借助其他学科的知识理解绘画理论。例如将数学中平面直角坐标知识运用到写生中，就会比较容易发现"近高远低或近低远高"的透视现象，比较容易把握物体前后左右的空间关系。

3. 通过示范传授绘画技法

示范对于造型教学的意义，我们在前面已经阐述得非常详细了。这里要强调，教师不能因为示范需要准备更多的教具，要亲自动手而怕麻烦，只动口不动手，光说不练。

实践性的知识，抑或实际操作方面的技法技巧，有时甚至不需要老师讲多少理论，学生只需实际看上一眼便知道是怎么回事，然后通过模仿就能够掌握七八成。所以，应当把范画、示范、欣赏、技法演示等直观教学方法结合起来，带进造型教学课堂，提高教学效果。譬如，教授工笔国画烘染的方法，如果只是描述而不示范，学生会一头雾水不知所云，但如果进行示范，教师一只手执两支笔，一支蘸色、一支蘸水画给学生看，则会使学生"一目了然"，豁然开朗，达到"此时无声胜有声"的效果。示范不仅能充分利用视觉思维的直觉快速特征，提高学生学习效率，而且现场的"行为性"也能激发学生更大的学习兴趣，增强学生的学习动机，使其更加深入地学习。相反，如果教师长期不示范，学生不但造型学习进步慢，而且学习造型的兴趣也会渐渐丧失。

示范不能被曲解为"就是完成一件完整的美术作品"（可称之为"完整示范"），它既包括"完整示范"，也包括"局部示范"、"步骤示范"，可根据教学需要进行选择。

4. 通过随堂欣赏提高学生学习兴趣

随堂欣赏的主要目的就是根据教学需要，通过欣赏提高学生学习兴趣，帮助学生更好地掌握有关技法。对于绘画教学，如果教师从技法的层面介绍画家的绘画风格或艺术成就，解析作品在技法运用上的特色，不仅能深化欣赏深度，有利于提高学生欣赏水平，而且能给学生提供学画"路径"，降低学画难度，同时还能提高学生对绘画的兴趣，激起学

---

① ［美］鲁道夫·阿思海姆. 艺术与视知觉. 北京：中国社会科学出版社，1984：328.

生"一试身手"的欲望。

5. 利用好工具材料，提高学习效率

"工欲善其事，必先利其器。"工具对于绘画的影响比对设计的影响还要明显。绘画效果，与对绘画工具材料性能的了解以及使用方法的运用有直接的关系。教师要通过讲解、演示等多种手段，介绍好工具材料的性能和使用方法，使学生能正确有效地使用，同时还应当让学生认识到不同的工具材料和不同的使用方法会产生不同的效果。工具材料运用得好，对于学习会起到事半功倍的作用。

绘画的种类较多，对不同画种还可以采用更具体的方法开展教学。下面介绍几种常见绘画课程的教学方式。

（1）线描画

线，是我国传统绘画的主要特色，一定程度上，可以说中国画就是线的艺术。虽然小学低年级学生不能真正领悟中国画线的艺术魅力，但通过教师的讲解、演示及作品的欣赏，能认识线条在中国画中的造型作用，并从中得到借鉴。当学习了中国画以后，就会进一步体验线在中国画中的审美价值了。所以，教师要注意引导学生从中国画线条的丰富变化与蕴含的丰富美感中，了解中国传统文化，学习传统艺术，提高线描画的艺术水平。

线描画就是以线条为基本语言的绘画，包括速写、结构素描、白描等。儿童"涂鸦"，其实就是用线作画，可以说很多孩子在入学之前就已经有了以线作画的"经验"。线描是儿童写生或创作时常用的方法，或者说对于儿童画来讲，"线"是一种"儿语"，儿童可以用铅笔、签字笔、圆珠笔等轻松画出他们记忆的各种形象。线描画有线条游戏画、想象画、写生画、临摹画等多种形式。线描画教学要根据学段有步骤地进行。学生线描的个性就像他们的线描水平一样存在差异，教师应根据学生个性差异，因材施教，加强个别辅导。

小学低年级，应多以线描游戏画为主，即鼓励学生先大胆地任意交叉、重叠的线条，然后去发现某些线条的形"像什么"，或者通过添加、整理，使这个形更"像什么"。以这种方法训练线条的流畅性和对线条的控制力。

小学中年级，通过对线条曲直粗细等的训练，引导学生利用线的不同形态表现不同的质感。如，用细而光滑的线画花瓣，钝而粗的线画枝干，以此提高线的表现力。

小学高年级，通过写生或想象画，训练学生用线勾画较为复杂的对象，表现形体结构，用"手绘图形"传达视觉信息，提高线的造型能力。

（2）写生画

写生画就是对照实物、实景、真人进行描绘。其教学方法主要是把握好写生步骤：

第一，选择好写生对象。写生的意图往往要通过写生对象的选择及其布置来体现，因此，教师要作充分的课前准备，对写生的具体对象进行深入研究，认真选择。所选内容既要符合教材的要求，又要符合学生的年龄特点和现有美术水平。如静物写生，应选择通用的石膏教具或学生常见的生活或学习用品，人物写生应请学生熟悉的人做模特。风景写生时，要事先对写生场地进行考察，多安排几个写生点，然后将学生分成小组开展写生，以便于管理和辅导。

第二，直接起稿作画。应尽力培养直接作画的写生习惯。对中小学生特别是小学生来讲，不必先用铅笔画"草稿"（不包括用铅笔简单地构图），然后再小心翼翼地描线涂色，对先前的铅笔稿不敢越雷池半步。直接起稿作画可保持写生的生动性，能迫使学生设法将错就错、"应物象形"和提高纠错能力，激发想象和创造，有时甚至还会得到偶然的效果。从学生学画之始，就要训练其少用橡皮，想好就画，边画边想，敢于动笔，放开作画。

第三，树立写生教学的新观念。写生不是描摹，不是一定要画得与对象一模一样。现代中小学美术教学并不提倡所谓写实主义的描绘，而是提倡表现主义的率真抒情。所以，教师不必反复强调理论知识，而是应把重点放在引导学生将自己的感受表现出来。其实，中小学生的感受往往比成年人更加敏锐，写生的画也更加生动。要尽量保持学生的率真，发挥他们善于表现的特长，发展他们的创造力。

绘画具有很强的情感性，个性特征明显。教师不要轻易改动学生的画，特别是不要以自己的观念去改动学生的画。如果发现学生画的"问题"，先把问题提出来，听听学生本人对"问题"是怎么看的，搞清楚哪些"问题"是学生"天真"的体现，恰恰是应该保留的，哪些"问题"是真的需要纠正的，然后再帮助他做些修改。如，小学低年级学生画拐弯的汽车，常常画不出透视关系，像倒了一样，那没关系，显得天真可爱，但中年级学生如果出现这样的问题，就需要教师加以改正了。然而，即使是改，一般也不要直接在学生画纸上改，在另一张纸上示范一下就可以了，画纸还是由学生自己完成。

（3）想象画、记忆画

想象画是学生将想象到的事物，用绘画的语言来表达。如《海底世界》、《和植物做朋友》等。记忆画是以绘画再现他们经历过的事情或对事物的印象。比如《我的妈妈》、《街边一角》等。

指导这样的绘画，方法是：

第一，给学生明确的内容，帮助他们根据自己的经验进行构思；

第二，提供给学生一定的参考资料，以丰富视觉形象，启发构思；

第三，要求学生讲出自己的构思，并指导学生画出构思草图；

第四，辅导学生根据草图进行绘画；

第五，进行作业评价。

（二）"设计·应用"课教学方式

"设计·应用"课在培养学生审美能力、创造能力方面有两点优势：首先，它更强调在立体的、形形色色的材料上用多种多样的工具材料培养学生动手操作能力。其次，它更强调在材料和结构上的原创性以及特有的个性化美感。"设计·应用"课不同于以往的工艺制作，它把培养学生的"设计意识"放在首位。此外，"设计·应用"的许多内容来源于与民间艺术，或与民间艺术密切相关，普遍受到学生欢迎，通过"设计·应用"课的学习，学生能更好地了解民间艺术的优秀传统，增强民族自豪感。

1. "设计·应用"教学的两个基本目标

（1）培养设计意识

"设计·应用"教学，首先接触的是"设计"这一环，因为没有设计，就谈不上制作。设计意识的培养是非常重要的，是《义务教育美术课程标准（2011年版）》强调的

"设计·应用"的主要教学目的之一。中小学生接受的虽然不是专业的设计教育，但设计的一些理念——例如以人为本，要以各种通俗的方式让学生理解。中小学美术课本关于设计的内容都是围绕着生活实际，主要涉及日常生活和学习用品，如文具、牙刷、相册、光盘盒等。因此，让学生了解物以致用的设计意识是设计教学首先要做到的，在此基础上才谈得上材料的运用，才谈得上形式美。既然是设计，就有一定的目的性、实用性和形式美的追求。一些平面构成的作业，虽然没有直接的实用价值，也要具有一定的设计意识（即使用意向）。教师要采取各种方式让学生重视"为什么而设计"的问题。如教学生设计黑板报花边，就要先让学生明确花边在黑板报中的作用。教学生做一个笔筒，就要让学生首先考虑它的插笔功能。

（2）学会制作的基本技能技巧

制作是需要技法技巧的，"设计·应用"的教学不能忽视对学生制作技法技巧的训练。不过，技法技巧是手段，并非目的，过分地夸大技法技巧的作用，将会弱化美术的教育功能，因此，要避免唯技法技巧的倾向。然而，同时又不能否定或轻视技法技巧在设计中的重要地位，没有技法技巧，再超前的设计意识，再好的设计构思都难以变成作品，没有实际意义，也可以说没有应用价值的设计是没有意义的。所以，上好"设计·应用"课，关键是教师在课前就把可能涉及的技能技巧搞清楚，把教授技法技巧的方法搞清楚，然后把技法技巧教给学生。一定程度上说，"设计·应用"的教学就是讲解设计的程序和技巧。

2. "设计·应用"课程主要教学方式

（1）演示步骤。在设计教学中，搞清设计步骤非常重要。如折纸、纸立体造型等，步骤是否正确决定作品的成败，甚至决定教学的成败。为此，教师要耐心地进行步骤演示。

（2）讲清工具材料的使用方法。设计会用到多种多样的工具，了解这些工具的性能，掌握它的使用方法至关重要。有的制作技巧其实就是使用工具的技巧，有的设计创新甚至就是工具材料的创新。每使用一个新的工具，教师都要向学生介绍好工具的性能特点、使用方法、使用安全等问题。同时，教师还要注意带领学生积极尝试使用新材料，只要运用适当，如豆类、树皮、椰壳、火柴棒等都能制作成很好的手工艺品。

（3）用电教手段解剖难点。对技法技巧的难点部分，可用电教手段，如投影、幻灯示意或用录像特写镜头定格，把细节分解放大，让每个学生都能看清楚。

（4）反复演示。所谓熟能生巧，技巧需要反复练习才能获得，那么，传授技巧往往也需要教师反复演示，学生才能明白和掌握。如制陶，做泥条、泥饼、泥球、泥片看似简单，但手法变化较多，如果教师不反复演示，学生很难了解其中的奥秘。

（三）"欣赏·评述"课教学方式

现代社会每个人的生活和工作都离不开美术，不论是否从事美术，无一例外都是美术的消费者。因此，提高审美品位，了解古今中外的美术文化，不仅可以使他们积淀一定的文化底蕴，丰富其精神生活，还可以提高他们的生活质量。美术欣赏就是达到这些目标的重要途径。

1. 欣赏课的类型

欣赏课一般可分为两类：专题欣赏和随堂欣赏。专题欣赏就是欣赏一件作品，或一类作品，或一位美术家的代表作品。随堂欣赏就是融合在绘画造型等其他学习领域教学过程中的欣赏活动。这两类欣赏课要区别对待。专题欣赏应投入较多的精力进行准备，形式上尽量活泼，给学生留下较深的印象；随堂欣赏占的时间不能太多，不能喧宾夺主，主旨是加深学生对绘画造型技法等相关知识的审美认识，提高学习兴趣。

2. 欣赏课的一般教学手段

（1）看。就是学会先用眼睛观察与分析，这是美术欣赏的基本途径和第一步。欣赏美术作品，首先要通过看，要会看。会看，就是在看的同时能够进行分析。如分析作品表现的是什么内容，是什么时代的作品，是哪一个地域、国家、民族的作品，表达画家怎样的审美追求和价值取向等。这是一种视觉分析。学生由于资料和阅历有限，视觉分析水平不高，往往会存在片面认识或误读，这是正常的，在多次实践，积累了一定经验以后，自然会得到提高。所以，要让学生去"看"。当具体应用于欣赏教学时，还应讲究技巧，这个技巧要靠教师把握。

（2）谈。就是学生能对艺术作品发表看法，并展开讨论。教师应鼓励学生大胆地表达自己对作品的"看"法，积极开展交流和讨论。要想让学生谈得有效果，有价值，教师就要做好组织和引导工作，首先是根据作品和学生现有水平设计好谈的话题，然后引导学生有步骤地分析，有目的地讨论，有序地发言，而且在学生谈完以后，要进行归纳，并对学生"谈"的情况进行评价。

（3）写。就是学生以书面评论的方式表达对作品的认识、看法。写不仅便于学生发表独到的见解，培养独立欣赏能力，而且有利于提高他们的文字表达能力。书面评论应建立在"看"和"谈"的基础之上，有了"看"的感受，再经过简短的"谈"以后，学生就有东西可写了，写起来也顺畅了。要注意，教师不必对学生的文字水平有过高要求，如果像写作文一样要求就可能束缚学生的艺术感受，这里的"写"毕竟不是"写作文"，只要是真实的个人感受，就要给予肯定和鼓励，只要有独到见解，就应予以表扬。

（4）查。就是学生通过查阅作品的有关资料的方式对作品产生认知。对文字材料的查阅，是对作品的间接了解，以获得一个初步的"理性"认识。资料查阅法也是欣赏教学中比较常用的手段，同时也是一种学习方法。教师要教给学生一些查阅资料的方法，以提高他们的欣赏能力和学习能力。

"看、谈、写、查"既是相对独立的欣赏方法，也是欣赏的一般步骤，往往贯穿于欣赏活动的全过程。

（四）"综合·探索"课教学方式

《义务教育美术课程标准（2011年版）》提出"综合·探索"学习模块的内容分三个层次综合：一是美术各学习领域之间的综合；二是美术与其他学科相综合；三是美术与现实生活相综合。"综合·探索"课的教学，首先就是要理清综合的层次。美术各学习领域之间的综合是基本层次的综合，由于各领域存在着固有的内在联系，教学时不必再去考虑教学内容怎样结合的问题，教学方法上往往只要综合相关领域的一般教学方法就可以了。但美术与其他学科的综合、美术与现实生活的综合两个层次的教学就不同了，首先要把"综合"的问题解决好。

解决"综合"问题分三个步骤。第一，查阅资料，把涉及的有关知识做个梳理，以免在向学生教授时产生知识性错误。第二，确定"综合方式"，是以美术为平台综合其他学科知识，还是以其他学科为依托进行美术应用，总之是要达到通过跨学科学习，理解共同的主题和共通的原理的目的。如，将美术课与社会公益活动结合上一节课，应当确定提供作品去参加公益活动，还是在参与公益活动中体验艺术的社会功能，两种情况教学的内容和教学重点都是不同的，前者重点是宣传公益理念，后者是体验艺术与社会的关系，在广泛的情境中体验美。第三，处理好教学活动开展的方式。总体上有两种教学方式，一是"课业综合"，即美术教师把相关知识综合起来，独自开展教学。二是"人员综合"，即请其他学科教师合作教学。如，和语文教师合作，语文教师在作文课上开展"文配画"活动，美术教师在绘画课上开展"画配文"活动。这样学生作文更加"言之有物"，画也更"有意义"，作文水平和绘画水平都会有所提高。显然，以"人员综合"开展教学的方式虽然效果较好，但实际操作时不太容易。所以，以"课业综合"开展教学的方式更可行。

在广大的农村，美术教师大多数是兼职的，或者大多数美术教师兼任其他学科的教学任务，似乎不够"专业"，但这恰恰有利于上好美术"综合·探索"课。需要注意的就是要加强将美术和其他学科综合的意识，同时要牢记综合的最终目的是美术能为生活服务，避免为综合而综合。常见的教学方式有：

1. 拓展法

所谓拓展法，指的是教学内容向其他学科拓展。一节美术课，如果稍加研究，就会发现它可能涉及文学、音乐、哲学、地理等方面知识，不是孤立的美术知识，那么就可以综合这些方面的知识进行教学。例如，讲树叶，不仅从美术造型的角度讲，也可从音乐的"树叶沙沙"的角度讲，从诗歌的"无边落木萧萧下"的角度讲，还可从哲学的"世界上没有两片相同的树叶"的角度讲，这样不仅丰富了学生对树叶的认识，而且会启发学生想象，画出精彩纷呈、形态各异的树叶来。

2. 活动法

把美术运用到实际生活中，或把美术和实践活动结合起来开展教学。这方面，《义务教育美术课程标准（2011年版）》有比较明确的建议，即：采用造型游戏的方式进行无主题或有主题的想象、创作、表演和展示；结合语文、音乐等课程内容，进行美术创作、表演和展示，并发表自己的创作意图；调查、了解美术与传统文化及环境的关系，用美术的手段进行记录、规划与制作等。例如《有趣的面具》一课，教师依据某个故事蓝本，提炼故事里的几个角色，然后让学生根据角色设计、绘制相应的面具，最后让学生戴上自制的脸谱进行故事表演。

第二部分　教学案例与评析

第三章　美术课教学案例与评析

【案例1】

《大树的故事》教学设计
合肥师范附小　王勇军
（全国互动教学评比一等奖）

教学目标：

（1）知识与技能：通过回忆、观察，了解大树的基本结构及颜色、种类等特点。学习表现大与小的关系，用绘画或剪贴的方法表现有关大树的故事。

（2）过程与方法：在回忆、观察、体验中感悟大树的结构及美感，想象出大树的相关故事。

（3）情感、态度和价值观：通过学生活动，引导学生初步认识人与自然的关系，激发学生热爱大自然、保护绿色生命的情感。

解决教学重点难点的措施：

教学重点：了解生活中大树的结构、外形、颜色等特点，表现大树与人、大树与动物之间的故事。

教学难点：画面构思和组织。

解决措施：

运用电子白板的交互性，让学生运用白板创作故事，这既是一次实践的过程，也是一次创作的过程，使本课大树的"故事性"得到了有效的解决。在拖动图片中组织画面，并运用无限克隆程序丰富画面的构图。

学情分析：

由于学生们从小就喜欢在大树下玩耍、乘凉，所以他们对大树有着特殊的感情，这个课题很容易引起学生的兴趣，可以为学生提供很大的想象空间。二年级的学生对画大树难度不是很大，但让大树有一定的故事却有一定的难度。

教学过程：

一、导入新课

教师用白板的笔边说边画一幅画。

师：今天老师给大家讲一个故事，不仅讲出来还要画出来。一次老师早晨外出散步，这天天气格外晴朗，阳光明媚，阵阵凉风袭来令人心旷神怡。老师漫步于乡间小道，看到前面有一棵大树，大树虽然不高但很粗壮。树枝上蹲着一只小鸟，小鸟的嘴里叼着一块肉，这时大树的底下又跑来了一只动物，这是什么动物呢？等老师画出来大家就知道了。

师：大家看出来这是什么动物？

生：狐狸。

师：对，就是狐狸，故事说到这里大家一定很清楚这是什么故事了。

生：是《乌鸦与狐狸》的故事。

师：请问这个故事发生在哪里？

生：大树上。

师：今天我们就来学习《大树的故事》。

板书：大树的故事

（设计意图：揭示课题）

（媒体功能应用及分析：运用白板电子笔的书写功能画一幅有关大树的故事的绘画作品，既激发了学生的学习兴趣，又起到了范画的作用。）

二、认识常见树木

师：说到树，大家并不陌生，生活中有很多树。

（出示树的图片，让学生说出树名，见图1）。

常见树木

图1

师：你们认识这些大树吗？请你们说说它们都是什么树。

（设计意图：欣赏不同大树的图片，让学生认识一些有特点的常见的大树。）

（媒体功能应用及分析：图片采用淡入的动画形式，点击页面，出现大树的图片。）

三、自学世界名树

学生首先自学有关世界名树的纸质资料，然后通过白板反馈学生的自学情况。

师：除了这些常见的树，老师还从网上找了一些世界名树。资料就放在你们的自学袋里，请组长分发给组员。同学们认真阅读一遍，在这些树中，你们最喜欢的或者印象最深刻的是哪一棵树？

学生反馈学习内容，学生喜欢《黄山松》（见图 2）。

世界名树

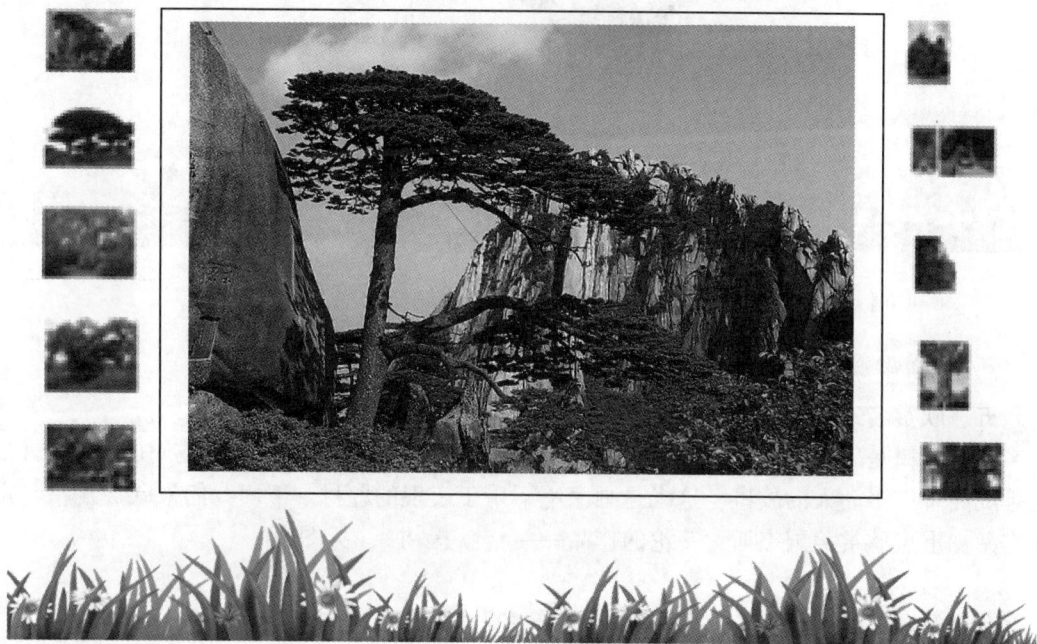

图 2

教师小结：这些世界名树，每一棵都有它独特的造型，每一棵树都有它独特的故事。

（设计意图：让学生了解世界上著名的大树，开阔学生的视野。）

（媒体功能应用及分析：运用白板的表格功能。首先将缩小的图片和文字分列于 1×1 表格的两边，学生反馈时，教师拖动相关图片至表格中，图片和文字自动放大。）

四、大树的结构

师：不管是世界名树，还是普通的树，我想它们的结构都是相同的，下面我们来了解一下树的结构。看看大树是由哪几部分组成的。

出示一幅大树的图片（见图 3），让学生分析，教师直接在上面批注。

（设计意图：培养学生观察分析能力。）

大树的结构

图3

（媒体功能应用及分析：运用白板的批注功能。）

五、欣赏名家作品

师：大树是人类的朋友，也是动物的朋友，特别是那些年代久远、枝繁叶茂的大树，更是沉淀着许多动人的故事，这也是画家笔下乐于表现的题材。下面我们来欣赏几幅名家的作品。重点欣赏美国杰斯·艾伦的作品——《菩提树》（见图4）。

请你观察画家笔下的菩提树跟真实的菩提树有什么不同？

图4

提问：

（1）《菩提树》这幅作品给你什么样的感受？

（2）菩提树有哪些好朋友？

（3）作品中的菩提树和自然界中的菩提树有什么不同？

（4）《菩提树》在色彩上有什么特点？

（5）《菩提树》在造型上有什么特点？

（6）展示关山月的中国画《故乡情》并提问：《故乡情》描绘了大树底下怎样的情景？

（设计意图：培养学生的观察能力及评述能力，学习欣赏作品及评析作品的基本方法。）

（媒体功能应用及分析：运用白板支持多媒体的功能播放图片。）

六、欣赏学生作品

学生分析画面的主次关系及如何表现出故事的主要内容。

（1）出示学生作品（见图5至图8）并提问：画面表现的是什么内容？采用哪一种表现形式？构图怎样？

图5

图6

图7

图8

（2）比较同一页中三幅作品的相同点和不同点（见图9）

（设计意图：利用一些学生的作品分析画面的构思与构图。）

（媒体功能应用及分析：运用白板支持多媒体的功能播放图片。）

请你看看这三幅画有什么联系?

图 9

七、师生互动创编故事

依次出示大树的树根、树干、树冠和整棵树的页面,页面下方有一些动物和人物。

(1) 出示树根图片 (见图 10),让学生挑选自己喜欢的动物或人物创编一个或几个故事。

(2) 出示树干图片 (见图 11),让学生挑选自己喜欢的动物或人物创编一个或几个故事。

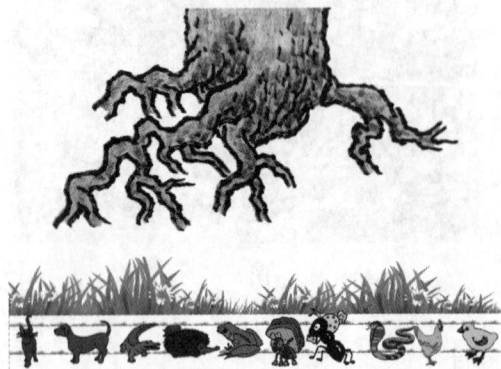

图 10　树根

图 11　树干

（3）出示树冠图片（见图12），让学生挑选自己喜欢的动物或人物创编一个或几个故事。

（4）出示完整的大树的图片（见图13），让学生挑选自己喜欢的动物或人物创编一个或几个故事。

图12　树冠

图13　整棵树

（设计意图：增强师生互动，培养学生的创作能力和动手能力。）

（媒体功能应用及分析：运用电子白板的选择功能和白板的交互性。学生运用白板的选择功能随意拖动树根、树干、树冠和整棵树下面的动物或人物创编故事，这既是一次动手实践的过程，也是一次创作的过程。同时运用白板的无限克隆程序来丰富画面的构图。）

八、教师示范

师：看到同学们编创了这么多的故事，老师也想创作一幅作品。不过老师这幅作品已经完成了，老师采用白板的记录功能记录了老师作画的过程，现在老师放给你们看。

（一边播放作画过程，一边讲故事。）

师：在很久以前，有一棵大树。它年代久远，少说也有几百年的历史，虽历经风雨，依然郁郁葱葱、枝繁叶茂。它如一位慈祥的老人，和蔼可亲，总是招徕许多小动物驻足游玩。在这棵树上常住的有两家动物，树冠上住着一对画眉，树洞里住着一对松鼠。两家和睦相处，互相帮助。不久，它们都有了自己的孩子。一天松鼠的爸爸、妈妈出去觅食了，很晚还没有回来，第二天还是没有回来，第三天依然没有回来……画眉预感到它们可能出事了。于是画眉做了一个大胆的决定：由画眉的妈妈照看自己的孩子，由画眉的爸爸照料可爱的小松鼠。

这是一个温馨的故事，动物之间尚能相互帮助，同学们在生活中遇到困难也应伸出援助之手。

（教师展示画好的作品（见图14））。

九、学生动手创作

师：老师的作品完成了，下面是同学们大显身手的时候了。

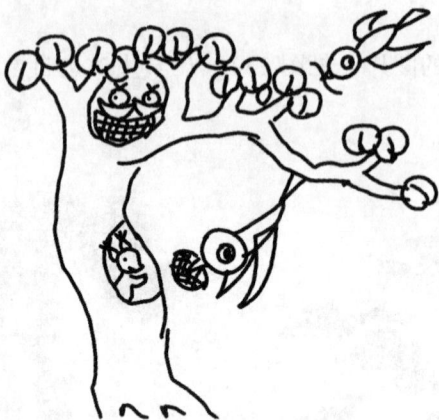

图 14

（请学生读出今天的作业要求。）

小组合作，用绘画或剪贴结合的形式表现一幅大树的故事。

作业要求：

（1）能够表现大树的特点。

（2）画面构图饱满。

（3）故事生动有趣。

（设计意图：（1）培养学生的创作能力和造型表现能力。

（2）培养学生的合作学习能力。）

（媒体功能应用及分析：运用电子白板的音频播放功能和计时功能。）

学生在《森林鸟儿》的音乐声中，在十分钟内完成作品。

十、点评作业

（1）展示学生作业让学生说一说自己的故事。

（2）让学生对别的同学的作品提出修改意见。

（设计意图：培养学生的评价能力和语言表达能力。）

十一、知识拓展

（1）播放一段《地球宣言》视频（见图15）。

（2）思考：看了这段视频你有什么感受？

学生说出感受后，老师小结。

师：看到了俄罗斯，就想到了中国，想到了中国就想起了雾霾，想到了雾霾就想起了大树。保护大树，就是保护地球，保护大树就是保护我们的家园。从现在开始，从我做起，从现在做起，保护每一棵大树，还地球一片绿色，还天空一片湛蓝。

（设计意图：培养学生保护大树，保护自然的意识。）

（媒体功能应用及分析：电子白板的视频播放功能。）

图 15

【点评】

　　基础教育美术课程改革以来，美术课堂教学产生了深刻的变化。为了培养学生的自主意识和创新能力，满足当今社会对人才的需求，必须改变过去课堂的灌输式教学。随着素质教育的深化，"互动式"教学应运而生。这种教学模式顺应了时代的发展，强调教师与学生、学生与学生之间在教学过程中的互动，强化学生的主动参与，尊重学生的主体地位，从而实现培养创新型人才的终极教育目标。"互动式教学模式"具体表现为教师的主导施教和学生的主体认识相辅相成的课堂活动过程，即"教"和"学"之间相互联系，相互促进，有序发展的整体性活动，进而形成和谐的师生互动、生生互动、学习个体与教学中介的互动，强化人与环境的影响，以产生教学共振，达到提高教学效果的目的。

　　本课是新媒体应用的一个十分成功的典型案例，充分体现了互动教学的理念，使现代媒体技术和电子白板的交互性能在课堂中得到了充分的发挥。教学以故事带入，也以故事结尾，相互呼应。引入新课部分，教师在白板上边说故事边画一幅画，学生的思路随着老师的引导一步步展开。随后运用交互白板的表格功能，引导学生自学各种世界名树，并能在白板上及时反馈出学习结果，批注分析树的形态特征，实现师生的实时互动。在"师生互动创编故事"环节中则表现得更加淋漓尽致。教师引导学生运用白板的选择功能以树根、树干、树冠和整棵树下面的动物或人物创编故事，并利用白板的克隆功能来丰富画面的构图，使学生充分体验到以大树为主题绘画的故事内容表现及构图要点。在此基础上再播放一遍教师创作示范，使学生形成完整的绘画创作的概念。

　　现代媒体技术已经广泛运用到美术教育领域，会运用不是难事，而如何适当合理地运用，发挥其辅助教学的功能，又不能喧宾夺主，是其中的难点。纵观整个教学设计，王老师向我们展示了一个不但会运用现代教学媒体，而且运用得当的经典案例。在本课中，电子白板的交互功能得到了充分的发挥，而教师对其恰到好处的运用，既能充分调动学生的学习热情，使师生进行实时交互，又能较好地突破教学重点和难点，实现教学目标，不失为一种值得推广的教学形式。

（合肥师范学院　马晴）

🦉【案例2】

《刷牙》教学设计

合肥市屯溪路小学　叶晔

（合肥市教坛新星评比一等奖）

教材分析：

本课是人美版小学第三册第十六课，属于第一学段"造型·表现"学习领域。

刷牙是司空见惯的日常小事，它与学生的生活经验紧密联系，因此容易激发学生探究的乐趣。本课教学以学生生活经验为基础，创设刷牙时的愉悦情境，让学生在积极的情感体验中观察并了解刷牙时的各种生动的形象。结合视频、音乐、律动、直观示范等教学手段，让学生享受美术活动的乐趣，唤醒儿童潜在的对美术创作的本能理解。通过师生合作、生生合作的学习形式使学生在自主探究过程中充分体验、思考、想象和实践，进行撕纸画创作。通过对刷牙这一活动的全面分析和艺术表现，使学生认识到艺术创作和生活的紧密联系，养成良好的卫生习惯。

学情分析：

本课的教学对象是小学二年级学生。他们的思维能力活跃，敢说敢想敢画，在教学中就要通过各种丰富的手段着力引导他们发挥这方面的优势。但同时他们的造型能力较弱，缺乏撕纸造型的体验，也不懂构图、色彩搭配等知识，因此在教学中教师就要有目的地进行示范，通过直观的演示让学生大致了解创作方法和规律。

教学目标：

（1）知识与技能：培养学生运用撕纸添画的方法进行人物造型表现，了解色彩搭配知识，掌握简单的构图知识。

（2）过程与方法：通过教学活动，使学生体会和发现生活中有趣的细节，锻炼动手能力，培养合作意识。

（3）情感态度价值观：通过本课的学习，使学生认识到艺术创作和生活的紧密联系，同时增强学生口腔保健的意识。

教学重点：

观察刷牙时人物的表情与动作的变化，引导学生大胆表达自己的感受。

教学难点：

用撕纸添画的方法创造性地表现刷牙这一活动的特点。

教学准备：

教师：多媒体课件、卡纸、各色彩纸、广告纸等。

学生：图画纸、各色彩纸、广告纸、固体胶、水彩笔等。

教学设计：

一、导入（2′）

广告欣赏，激趣导入。

师语言提示：有一位小朋友可喜欢吹气球啦。这不，一大早他拿着气球就吹了起来，同学们看看接下来发生了什么事？

多媒体课件播放一段国外的牙刷广告，学生猜测广告的创意。

小结：影片中的小朋友嘴里的气味太难闻，熏倒了可怜的猫咪，这都是不刷牙惹的祸！所以同学们可一定要养成按时刷牙的好习惯。

揭示课题：刷牙（学生翻书至32页。）

（教学意图：用幽默而创意独特的广告片导入新课，唤起学生好奇的探究意识，也让学生感受到"创意"的重要性。激发起学生的学习兴趣，为接下来的学习活动做好铺垫。）

二、欣赏、感受（4′）

学生说说刷牙的用具以及正确的刷牙姿势，课件出示相应资料图片。

（1）让我们听听小朋友唱的《刷牙歌》。请学生伸出手指模仿平时刷牙的动作，边看视频边和着音乐律动起来。学生通过表演，感受刷牙时人物的表情和动作的变化和夸张。

（2）观察各种有关刷牙的图片（见图1），引导学生回忆刷牙时一些有趣的细节，如：张大嘴巴、仰着脖子、漱口时鼓起腮帮、牙刷在嘴里动来动去、满嘴泡沫等。提示学生思考怎样表现这种表情的变化和夸张。

图1

（教学意图：通过歌曲欣赏和律动活跃课堂气氛，为学生创设丰富的情境，引导学生着重观察和体验刷牙过程的一系列动作和细节。）

三、技法探究（11′）

1. 出示范画（见图 2），学生分析制作方法（撕纸添画）

师：看了这些有趣的刷牙场面，老师忍不住也动手创作了一幅画，请大家仔细看一看这幅画是用什么方法创作出来的。学生从材质上看出是纸贴画，又从边缘的不规则分析出是撕纸画，最后结合作品中的添画部分得出结论：这是一幅撕纸添画作品。

进一步引导学生思考出制作步骤：想、画、撕、摆、贴、添。

2. 师生合作，示范撕贴作品（见图 3）

示范时结合步骤、动作、色彩、撕贴要领、不同纸材的运用及合作等方面详细分析。请一位同学上讲台和教师一起合作完成示范作品。

教师先和这位同学商量一下人物的大致形象，接着明确分工：教师负责撕、画人物的头部（难点）并进行整体的粘贴以及牙具等的添画，学生负责撕头发、衣服、手臂等部分。

引导学生注意创作要点：

（1）撕纸时要胆大心细，仔细看老师的动作示范。

（2）提示学生边撕边贴，贴之前先摆一下位置。

（3）人物手臂的动作主要在关节处发生变化。

（4）色彩对比要鲜明，避免使用和底板相近的颜色。

（5）广告纸上有丰富的图案和色彩，用来做头发和衣服的部分都很合适。

（6）人物的表情、牙具和背景等可以画出来。

完成后请学生评价，教师再拿出事先剪贴好的正面头像（见图 4）放在刚才的作品上，启发学生人物的头部可以做成不同的姿势及造型。

图 2　　　　　　　　　图 3　　　　　　　　　图 4

3. 学生作品欣赏，拓展思路

(教学意图：教师示范是美术课堂教学不可或缺的一个环节。通过示范，学生得以直观地了解作业的整个过程和每个值得注意的细节。师生合作示范对于本课更有特殊意义，它使学生明确了两人合作时如何发挥各自的特点并高效率地完成创作。)

四、创作、表现 (18′)

提出作业要求：

（1）大胆想象刷牙时夸张的表情和动作。

（2）色彩鲜艳、有变化。

（3）同组的两位小朋友用撕贴添画的方法合作完成一幅画。

学生交流一下意见，反馈小组的创意和分工，教师简单评价。

教师巡视指导：

对犹豫不敢撕、画的学生，教师稍作示范，鼓励他们大胆动手实践；

对分工不明确、效率不高的小组，教师提示他们发挥各自的优势，在制作方法上加以引导；

对色彩搭配感到困难的学生，教师启发他们充分利用现有的纸材，尽量使用对比鲜明的颜色表现出夸张的效果；

对大胆创意、想象独特的同学，及时给予肯定和表扬，使他们的创作个性得以张扬；

对因精益求精而做得较慢的学生，肯定他们的创作态度并鼓励他们课后继续完成。

(教学意图：学生作业是美术课教学的独有环节，在这将近半节课的时间里，学生享受美术活动带来的快乐体验。而这种活动又是对前面教学的当场反馈，教师将直接面对学生随机出现的技能、合作、创新等各种问题，因此教师的巡视指导至关重要。)

五、展示、评价 (3′)

完成作业的同学将自己的作品贴到黑板上（见图 5 至图 8），回座位收拾好用剩的材料。

图5　　　　　　　　图6　　　　　　　　图7　　　　　　　　图8

组织学生从以下几个方面来欣赏评价作品：动作夸张、表情丰富、细节生动、色彩鲜明、构图饱满。

引导学生谈自己的创意或对同学作品进行评价，教师适当点评并对在合作中互相谦让、配合默契的同学提出表扬。

（教学意图：低年级的学生造型能力有限，思维方式独特，从而使他们的作品中充满了"拙"趣，有时甚至难以解读，因此让学生"说"自己的作品就显得十分重要。通过学生对自己作品及创意的解说，可以让老师和其他同学加深对作品的理解。互评的过程能使学生得到启发，分享成功的喜悦。）

六、拓展、小结（2′）

（1）每年的9月20日是"世界爱牙日"，为了我们的口腔健康，每一位小朋友都要养成早晚刷牙的好习惯。

（2）刷牙是我们每天都要做的一件小事，可是经过艺术的创造，我们发现了其中许多有意思的地方。生活中的其他事情也一样，只要同学们能做个有心人，点点滴滴的小事都能成为我们美术创作的素材！

（教学意图：通过学习体验，使学生认识到艺术创作和生活的紧密联系，同时增强学生口腔保健的意识，达成本课的情感目标。）

【点评】

德国教育家第斯多惠认为："教学艺术的本质不在于传授知识，而在于激励、唤醒和鼓舞。"作为一节教学竞赛获奖的教学设计，叶晔老师本课中最成功的地方就是以"师生合作示范"的方式，在教学中成功地唤起学生的主体意识。教师示范是美术课堂教学不可或缺的一个环节。通过示范，学生得以直观地了解作业的整个过程和每个值得注意的细节，示范能带给学生心理上的愉悦和共鸣，学生通过对教师示范的欣赏、观察和思考，能够在短时间内有效地掌握基本的方法和技能，进而表达自己的创意。但是教师示范往往会出现学生看示范的时候很清楚该怎么做，而到自己操作时却又不知所措。基于这个问题，叶晔老师设计了课堂示范由教师和学生共同完成的方案，不但带给学生全新的新奇感受，吸引了学生的注意力，又适当地降低了学生示范操作的难度，实际教学效果也好于教师独立教学示范。同时，对于本课来说，"师生合作示范"的意义更体现在，它使学生明确了两人合作时如何发挥各自的特点并高效率地完成创作，为后续的学生两两合作学习奠定了基础，做出了榜样。

本课教学的另一个突出特点是教师对教材和教学内容的主动处理。本课教材中的学习建议是以刷牙为主题进行绘画创作，对于大多数二年级学生来说，在一节课的时间里达成这样的目标是比较困难的，尤其是人物的动作、表情的刻画以及背景的处理都有相当难度。通过仔细分析学生的年龄特性和了解学生美术基础后，叶晔老师采用撕纸拼贴的方式来完成"刷牙人物"的造型。实践教学环节也安排让学生以两人合作撕纸添画的形式来完成作业。撕纸作品造型稚拙、朴素，形象完整，色彩对比鲜明，在细节处理上的难度较低，符合儿童的审美情趣，容易唤起低年级学生的心理共鸣，学生能充分展示自己对刷牙状态的人物的理解，不必受到自身绘画水平的制约。这样既能使学生体验一种全新的造型方式，也能在符合课标规范的基础上，在一课时内让学生创作出较为完整的、高质量的人物形象。

在小学"造型·表现"领域中类似的课例有很多，例如用线描、油画棒刮画、纸版画、水墨画造型等，而在实际教学中教师应根据学生的学习能力以及各自的教学风格有所选择，充分利用教材资源大胆拓展。本课的教学设计就是这样一个成功的案例。

（合肥师范学院　马晴）

【案例3】

《鸟语花香》教学设计
合肥市屯溪路小学　叶晔
（安徽省教学设计评比二等奖）

课程名称：鸟语花香

使用教材：人美·安美版义务教育课程标准实验教科书小学第三册第二十一课

适用年级：小学二、三年级

主要教学内容：本课是属于"造型·表现"领域的内容。在教材第43页上，以白色和桃红色盛开的杜鹃花的照片导入，向我们展示了杜鹃花绚烂、缤纷、艳丽的美，令人赞叹。杜鹃花和灰喜鹊的结构特点图对复杂的花、鸟结构进行了简化和归纳，浅显易懂，便于学生理解和掌握。大量学生作品的呈现丰富了教材的美感，同时也为学生进行绘画创作提供了参考。第44页下方的大图是学生将自己画的花或鸟剪下拼贴而成的集体创作，教材中还展示了一些学生独立创作的作品以供师生参考。

教学目标分析：

显性目标：

（1）观察、分析杜鹃花的结构、形状及色彩，体会杜鹃花在形、色上的丰富变化和美感；分析灰喜鹊外形和结构的特点，学习用装饰的方法来表现。

（2）通过欣赏、绘画、评述等美术活动，引导学生主动参与、愉快表现。

（3）感悟杜鹃花、灰喜鹊所代表的不畏艰辛、团结一致、勤劳勇敢的安徽精神。

隐性目标：

（1）培养学生自主探究的能力以及集体合作的意识。

（2）感受美术与自然、人文科学之间的联系，在美术活动中渗透环保教育的理念，同时培养学生跨学科学习的能力。

教学重点和难点：

重点：了解杜鹃花和灰喜鹊的基本特征以及它们作为省花、省鸟所具有的象征意义。

难点：发挥自己的想象力，创作出富有童趣及装饰美感的作品。

解决办法：利用教材中以及教师和学生收集的大量图片、影像资料进行交流和赏析，通过对比、联想、游戏等手段活跃学生的思维。

学习材料：

教师：图片、声音及影像资料，集体合作用的大纸或底板。

学生：水彩笔、油画棒等涂色工具、图画纸。

教学过程和步骤解析：

一、课前准备

师生通过多种渠道收集有关省花省鸟的图片及文字资料，安排六位同学分成"杜鹃花"和"灰喜鹊"两个小组准备相应资料。

（教学意图：在准备资料的过程中，初步了解有关知识，为课堂学习做好铺垫。）

二、组织教学，情境导入

教师拿出 2008 年北京奥运会的吉祥物"福娃"玩偶吸引学生的注意力，以此引出"吉祥物"的概念。（播放课件）

教师：大森林里也要开运动会了，可是吉祥物到现在还没选出来，这可愁坏了设计师小猴儿，让我们来帮它选一选吧！

（音乐声中，代表杜鹃花和灰喜鹊的同学带着头饰出场。）

两队选手分别作简短介绍，教师补充：杜鹃花和灰喜鹊都受到了大家的热烈欢迎，那么最终谁才能打动今天的评委们成为森林运动会的吉祥物呢？就让我们一起走入这个鸟语花香的世界，来看看它们的精彩表现吧！（板书课题）

（教学意图：通过故事和游戏营造的独特情境调动起学生的探知欲望和学习兴趣。）

三、探究和实践

教师介绍游戏规则：在三个环节中双方代表交替进行自我介绍，下面的同学可以给自己支持的代表队做补充。第一、二轮结束的时候分别留几分钟的时间给大家进行绘画练习及习作简单评述。

（1）第一环节：形态特征

学生展示课前收集的资料，首先介绍杜鹃花。

（学生语言略去）

教师在学生介绍之后进行相应的补充，同时利用多媒体课件予以直观的展示，帮助学生分析、掌握杜鹃花的基本形态。

（欣赏课件：在山坡上、花园里成片盛开的杜鹃花。）

教师小结：在花卉的大家族里，杜鹃花是一位平凡而又特殊的成员。它是一种常见的花卉。说它平凡是因为它有着顽强的生命力，不怕寒冷；说它特殊，是因为它盛开的时候总是簇拥成团，漫山遍野，竞相怒放，所以它还有一个"映山红"的别名。

通过直观的欣赏引导学生自主提出探知要求：（1）杜鹃花的形态特征；（2）有哪些花纹；（3）枝叶的形态特点。

继续欣赏杜鹃花的特写图片，着重引导学生分析杜鹃花的形态特征：单瓣花、重瓣花、枝叶、花瓣上特有的纹点等。让学生感受杜鹃花满山遍野盛开时的壮丽，了解它丰富多变的品种，并且在与同学、老师交流和探讨的过程中发现答案。

（教学意图：培养学生自主探究、与他人合作学习的能力。）

学生再从地域分布情况、生活习性、外形特征以及和人类的关系等角度谈谈自己了解到的灰喜鹊。

教师利用多媒体课件补充介绍和分析。

引导学生思考：能否在抓住灰喜鹊的基本特征的基础上进行合理的夸张、想象和装饰？如何避免画出的鸟姿态单调？你能想象出哪些不同姿态的灰喜鹊？

（教学意图：学生互相交流，增长知识，锻炼自学能力及与人交流的能力。认识杜鹃花和灰喜鹊的形态特征，了解鸟类、植物与人类生活的关系。）

实践一：根据同学的介绍，参考课件及教材中的图像资料，画一画杜鹃花或灰喜鹊的外形，要抓住它们的形态特征。教师巡视指导，师生共同分析练习中出现的问题以及有创意的地方。

（教学意图：由感性思维过渡到理性思维。培养学生观察、分析、概括的能力。将传统的课堂绘画练习模式进行分割，练习之后的及时点评，为进一步创作拓宽了思维，增加了有效创作时间。）

（2）第二环节：色彩

学生介绍杜鹃花和灰喜鹊的色彩，教师利用课件加以补充。

杜鹃花：大红、朱红、紫红、粉红、橙红、金黄、米黄、浅黄、纯白……五颜六色、丰富多彩。

灰喜鹊："头戴黑礼帽，身穿蓝丝袍。"

说一说色彩带给大家的印象。

实践二：涂色完成练习，师生就色彩搭配进行简单的评述。

（教学意图：连接前后教学内容，练习循序渐进，将难点逐一突破，从而让学生体验绘画创作的快乐和与别人交流的重要性。）

（3）第三环节：象征意义

教师：自古以来，花卉和鸟类就受到人们的喜爱，所以又常常被赋予一些美好的品格和特殊的象征意义。

引导学生从生活习性、外形特征以及和人类的关系等角度分析：由于杜鹃花常常是簇拥成团地开放，又不择土壤、不畏严寒，所以被人们赋予了团结的象征意味。灰喜鹊是著名的益鸟，它是害虫的天敌、森林的小卫士、人类的好帮手，象征着勤劳和勇敢。

教师小结：对啦！正因为有了这些优秀的品质，受到大家的喜爱，所以它们被定为安徽省的省花和省鸟。

利用表格的形式归纳小结（见表1）。

表1

	杜鹃花	灰喜鹊
形态特征（优点）	簇拥成团，有单瓣和多瓣的区别，有些花瓣上还有独特的纹点（壮丽）	羽毛丰满，身体修长（灵巧）
色彩（优点）	五颜六色、丰富多彩（鲜艳、热闹）	"头戴黑礼帽，身穿蓝丝袍"（清爽、简洁）
象征意义	团结、生命力强	勤劳、勇敢

（教学意图：通过三个环节的对比介绍，让学生充分了解二者的形态特点及象征意义。前两轮结束时的短时间练习一方面锻炼了学生大胆表现的能力，另一方面也是对所学知识的快速记忆和消化的过程。）

四、创作实践

教师：两队代表都介绍完了，接下来就要请同学们画出自己支持的选手啦！

结合图片欣赏来引导学生分析之前练习中出现的问题，如：外形是否符合，能否在抓住杜鹃花和灰喜鹊的基本特征的基础上进行合理的夸张、想象和装饰？在色彩上要注意些什么？

提出创作要求：

（1）可以继续完成前面的习作，也可以重新画；

（2）大胆落笔、充分发挥自己的想象力；

（3）画完后将作品贴到黑板上老师提供的展板上（见图1）。注意先后粘贴的位置。

图1　充满童趣的作品

（教学意图：使学生了解在绘画创作中如何恰当地表现自己的个性。强调同学之间的互相谦让及配合。）

五、评价与交流

（1）以学生自评、互评为主。

（2）引导学生进行有实质性内容的评价，如从色彩、造型等美术语言的角度谈。

（3）评价别人时既要能发现问题，也要能肯定优点。

（教学意图：享受成功的喜悦和集体创作的乐趣。条件允许的情况下可拍集体照留念（见图2），作为班级资料保存。）

图2　愉快的合作

六、全课总结，课后拓展

教师强调今天两队表现都很精彩，同时充分肯定同学们的作品。再次回到评选"吉祥物"的出发点上，建议大家把杜鹃花和灰喜鹊并列为吉祥物，从而更好地体现合作意识，充分传达出省花和省鸟的象征意义。

呼吁同学们热爱大自然，珍惜环境，和动植物和谐相处。

（教学意图：巩固课堂所学的美术知识，加强与自然科学知识的联系。）

【点评】

现代教学论认为，民主、和谐、宽松的课堂教学氛围是促进学生自主学习、主动发展的关键所在。本课教学设计充分体现了这一思想主旨，课堂上师生合作、生生合作、平等讨论、相互补充的气氛浓烈。整个教学设计始终贯穿森林运动会"吉祥物"竞选的主线，通过"课前准备"、"课中研讨"、"课上创作"、"课后体会"的串联方式，层层分解杜鹃花和灰喜鹊的外貌特征、色彩特点、象征意义，培养学生细致观察的能力，提升学生探究、归纳和评述的能力，也充分调动他们的学习兴趣，建立关爱自然的情感体验，并让学生对代表自己家乡精神的事物产生探知的兴趣，进而去理解和传承这种精神品质。

喜爱动植物是孩子们的天性，所以这个课题将是他们非常感兴趣的，同时也是能够带给他们极大的想象、探知空间的。美术课程的重要任务之一就是要培养一双善于发现美的眼睛。小学二年级的孩子已经能很细致地观察周围的事物，并留下印象。杜鹃和灰喜鹊作为安徽省的省花和省鸟，是安徽省常见的动植物，即使是在城市，绿化较好的校园和居住区也能看到他们的身影。叶晔老师在本课中选取了杜鹃花和灰喜鹊作为教学内容，不仅因为其形象惹人喜爱，更具有特别的象征意义，能使学生充分体验到，物体的外形和特性与其象征含义的关系。通过教材分析，我们可以看出，本节课教学中还牵涉到一部分生物学知识，带有一定的综合性，如杜鹃花的生长特性和灰喜鹊的生活习性等问题，而有关这部分的内容，教师几乎都交由自由讨论得出，考量的是学生的知识面和综合知识的运用能力。这样的跨学科内容给学生提供充分展示自己的机会，使学生在积极思考中发展思维，在交流表达中提高表达能力。通过"师生交流"、"生生讨论"的方式营造民主的教学氛围，不仅增加了师生间的亲和度，而且对学习重点有效地进行点拨和引导，增加了学生的学习深度和广度。

（合肥师范学院　马晴）

【案例4】

《画夜景》教学设计
合肥市望湖小学　石雪丽
（合肥市小学美术研讨课教学案例）

教材分析：

本课为人美版美术教材二年级第四册第15课内容。不论是在城市还是在乡村，皎洁的星光、五彩斑斓的灯泡、千变万化的焰火，都使我们的夜晚变得更加美丽、迷人。本教材以此为描绘对象，启发学生回忆夜晚的万家灯火披上了美丽的霞衣，感受现实生活的美好。引导学生学会观察生活，善于表现生活中的美好事物，从中体验生活的乐趣。

本课是以"夜色"为主题进行绘画创作。此课的教学意图是促使学生发现和捕捉美丽夜景的特征，体会美的景象，培养学生的记忆力、想象力、创造力以及造型表现能力，培养学生主动观察生活的意识和热爱生活的情感。

本课内容可用绘画、剪贴等多种形式来完成作业。本节课选用刮画的表现形式来表现夜景，通过学生动手的过程，体验新颖的绘画方法，学会自己动手来装饰和美化生活。

教学目标：

（1）知识与技能：了解强烈的明暗对比和多样的光源变化能使夜晚变得绚丽多彩。

（2）过程与方法：能用刮画的方法大胆、生动地表现一幅夜景画面。

（3）情感态度与价值观：在学习中感受多种美术表现形式，培养创新意识；通过对家乡夜景的欣赏感受生活中的美，关注家乡的变化。

重点难点：

重点：通过对夜景的观察、回忆和感受，用刮画方法表现夜景的美感。

难点：巧用点线面的组合变化刮出美丽的夜景。

教学过程：

一、导入

师：在上课前我们先来看一段视频（播放合肥夜景视频），大家猜猜这是哪里？是否和你平时眼中的合肥不一样呢？

播放视频，教师配以简单的文字解说。

师：这样的合肥美吗？是什么让合肥的夜晚如此美丽？

学生简单说。

师：原来我们身边还有这么美丽的景色，想不想用你手里的画笔把这些画下来？这节课我们就来学习画夜景。

（板书课题：画夜景）

（设计意图：用平时没见过的合肥的样子来吸引学生的注意力，导入课题。）

二、比较

师：在刚才的视频中，大家都发现是很多灯光让夜晚的合肥变得五彩缤纷，那白天和夜晚的景色有什么不同呢？我们一起来找一找。

PPT：世博中国馆白天

师：同学们，这是哪儿？

PPT：世博馆夜景图

师：哪些地方发生了变化？

学生说，教师总结、板书：夜晚的天空：深色、暗色

景物和灯光：浅色、亮色

（设计意图：用图片中强烈的昼夜对比，来感受夜晚的特点。）

三、看看说说刮刮

师：请看课本第30、31页，书中用了哪些美术方法来表现这美丽的夜景？

PPT 展示教材图片。

生：油水分离法、剪贴画、剪纸、水彩。

师：你还能想到什么方法呢？

学生答。

PPT 展示出有关不同的夜景表现方法的图片。

根据回答导入刮画法。

师：老师给你们带来了神秘的礼物，打开小信封看看吧（师生一起打开小信封）。你们看到了什么？

师：别看这只是不起眼的一张黑漆漆的卡纸，它的下面可藏着小秘密呢。分别用你们手里小棒的两头在纸上刮一刮、画一画，看看会出现什么？线条有什么不同？

学生尝试刮画。学生说，教师板画粗细线条。

师：我们还可以用小棒的粗头像这样又快又好地刮出比较大的块面（师示范）。

一分钟时间尝试，看能刮出什么样的图案。

教师巡视，简单表扬几个典型的作品。结束后，把工具放在一边。

（设计意图：引导学生去发现刮画的表现方法，同时也熟悉下没用过的工具。）

四、欣赏图片

师：大家很聪明，很快就能用几种不同的刮画方法表现出一幅简单的画面，那我们就来挑战下难度大的，用刮画的方法把你记忆中最美丽的夜景表现出来。请你们先小声地和同桌交流下彼此记忆中最美丽的夜景吧。

学生低声交流，教师走近学生倾听。

师：谁想和大家分享一下你记忆中美丽的夜景？

学生说。

分类欣赏夜景图片。

师：老师带来一些夜景图片和大家分享一下，看看是不是和你们印象中的美丽夜景一样呢。

PPT：（1）不同的烟花（不同形状、颜色）。

（2）灯光（颜色、根据物体外形排列的灯光）。

（3）星空、月亮（欣赏自然景色，感受和前面人造景观的不同，体会宁静自然的美）。

（设计意图：通过交流、看图，扩展夜景中可表现的丰富内容。）

五、欣赏作品

师：五光十色的夜景带给了我们美的享受，也是画家们笔下经常表现的内容，我们就来看看大画家梵高是怎么表现的。

PPT：《星月夜》

问：你们发现这幅画有什么表现特点？（关注线的表现方法）

PPT：长时间曝光的星空图片。（感受梵高的艺术创造和摄影作品的异曲同工之妙）

PPT：学生作品：从内容、构图、刮画技法欣赏分析。

（设计意图：从作品中学习夜景中不同的物体所适合的表现方法。）

六、教师示范

出示只刮画出外轮廓的作品，学生说，教师接着完成作品。（线条的粗细不同，突出画面主体）

（设计意图：用具体的现场示范，让学生更直观地感受各种方法在画面上的运用。）

七、练习

用刮画的方法独立完成一幅夜景画。

（1）巧用点线面的组合变化刮出美丽的夜景。

（2）画面内容丰富、构图饱满。

（设计意图：作业要求具体。）

八、展示、评价

依据"画面内容丰富、表现方法独特、构图新颖"将黑板划分为三个区域，并写上标题。与学生共同讨论，将学生作业贴在黑板相应的区域，边欣赏和评价作业，边回顾教学重点。

（设计意图：结合目标和重难点进行评价，回归所学内容。）

九、拓展

PPT：自制刮画纸。

刮画纸可以在商店买到，同学们也可以在家自己制作。我们用刮画的方法留下了家乡美丽的夜景，过段时间我们再拿出作品对照看看，家乡合肥的夜晚是不是又有了新的变化。我们学会的刮画技法，可以表现出奇幻瑰丽的景象，同学们可以创作出很多美丽而有趣的作品。

【点评】

　　美术课程标准中提出了三维目标的概念，统领了基础教育阶段美术课程对学生基本素质培养的全部要求。它的价值和目的不仅仅是美术知识的教育，更重要的是通过具体课堂教学促进学生智力和人格的和谐发展。小学阶段特别是第一学段的美术课程，更多地强调学生对美术的体验和感受，以形成持续的学习美术的兴趣为主。美术是一门强调技能和实践操作的课程，想在课程教学中切实而又自然地落实三维目标，是有一定难度的。本课的教学目标定位准确、明晰，充分考虑到学生的学龄特征，并通过教学流程逐步达成。对中低学段美术教学提供了有益的借鉴。

　　本课的教学内容是"通过对夜景的观察、回忆和感受，了解夜景的美来自于强烈的明暗对比和多样的光源变化，并尝试用刮画方法表现夜景的美感"。针对这一内容，石老师深刻思考了课题内容，通过分析课题，考量教学内容及可能出现的问题和处理办法，设定了"探究引入"、"对比分析"、"研究表现"、"构思创作"、"成果评价"这五个环节来实施教学。本节课准备充分，构思巧妙，立意创新，作业形式新颖有趣，较好地把握和解决了教学目标、教学重难点。课件图片选材得当，体现了美术学科"美"的特点，重难点循序渐进。作业设计没有按照传统的美术课那样前半部分听，后半部分画，而是根据实际情况，把作业分为两个部分，既熟悉工具又解决技能方法，是一个巧妙的安排。在示范环节能调动课堂互动，尊重学生的主体性，老师也能根据学生的现场反应及时调整应对，充分体现了教材精神。

　　对于小学二年级的教学来说，知识与技能目标的设定既要有学习的意义和价值，又要浅显易懂，不能过难。所以，石老师将这一层面的目标设定为"了解强烈的明暗对比和多样的光源变化能使夜晚变得绚丽多彩"，更多的是一种体验和感受。为此，教师先以学生熟悉的家乡夜景来引入课程，引导学生探究是什么使夜晚变得这么美丽，再以"世博中国馆"的白天与夜晚的对比，引出色彩造型的知识和技能，点出知识技能学习目标。由此，必须选择适当的学习过程和方法来实现此目标。通过学情分析，石老师规避了学生们较为常见也熟悉的油画棒、纸拼贴等技法，选用了较为新奇的刮画技法，并且还设计了欲扬先抑的"小礼物"环节，增加刮画的神秘感，极大地引起了学生的学习兴趣。刮画的色彩都是事先隐藏在黑色的表层下的，只有随着竹笔刮开粗细不等的线条时，笔下才能展现变化多端的绚丽色彩，这种无法事先判断，只是偶发出现的色彩会给人奇妙的感受，即便是一根普通的线条也色彩斑斓变化无穷。这种新材料、新技法强烈地激发着学生们的创作欲望，用本身是黑色的刮画纸来描绘夜景，真是再合适不过了。刮画的技法学习并不难，但效果十分突出，所以，本课的过程与方法目标就能水到渠成地实现了。而情感态度价值观方面的目标则贯穿整个教学，新课学习由"合肥夜景"导入，最后的结课拓展环节也由此收尾，首尾呼应，在学生体验美感受美的同时，引导他们关注身边关注家乡的变化，将美的教育融入生活。

　　　　　　　　　　　　　　　　　　　　　　　　　　　（合肥师范学院　马晴）

【案例 5】

《多姿多彩的靠垫》教学设计

安徽省淮南市田家庵区第十八小学　沈立鲲

教材分析：

《多姿多彩的靠垫》一课的教学内容，来自人民美术出版社义务课程标准实验教科书《美术》四年级第七册，属于"设计·应用"学习领域的内容。通过本课学习，使学生感受"设计"在生产和生活中的作用，激发学生美化生活的愿望，提高学生对生活物品和环境的美化能力。本课在学习内容上，强调了对靠垫设计骨式的关注，在色彩、图案上也提出了相应的要求。课前，师生可共同收集靠垫相关资料及圆形、方形的适合纹样和图案。本课教材强调了靠垫的作用、美观和文化作用，介绍了靠垫的设计步骤，同时提出了研究的问题。

教学目标分析：

知识与技能：了解靠垫的"设计"应从审美、实用、文化等方面去进行，并在学习中了解设计的基本知识和方法，能用自己喜爱的纹样和骨式设计制作美观实用、富有个性的靠垫。

过程与方法：在学习中提高学生的设计能力、创新能力，并在欣赏与表达的同时提高欣赏能力和动手能力。

情感、态度与价值观：在欣赏与制作中培养学生对生活、环境的关注能力，激发起他们美化生活的强烈愿望。

教学重难点及解决办法：

教学重点：学习轴对称、中心对称和自由式纹样的的设计。关注除实用之外的审美和文化。

教学难点：靠垫作品的新颖、创新、构思巧妙。图案美术知识的理解和应用。

解决办法：充分利用多媒体课件直观教学和自制教具演示相结合，让学生有一个直观感知、思考和想象的过程，在老师的引导下，让学生初步了解和掌握基本的纹样和骨式设计的方法，启发和引导学生设计出有特色的靠垫。

教具准备：

多媒体课件、自制教具及图片资料等。

学具准备：

彩色卡纸、彩色纸、各类涂色工具、剪刀、固体胶等。

教学过程：

一、导入阶段

老师创设情境，请学生帮忙，选靠垫。

师：今天上课前，先请同学们给老师帮个忙，老师搬了新家，添置了很多新家具，但家里有样东西一直没选好，那就是沙发上的靠垫（见图1）。

同时出示课题"靠垫"。

图1

师：我选了很多，觉得都很漂亮。今天我把一些靠垫的图片都带来了，请同学们帮我选一选，好不好？

出示外形、色彩、材料、图案都不同的靠垫图片。(见图2、图3、图4)

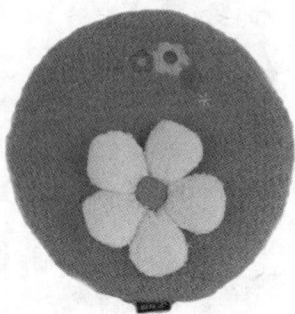

图2　　　　　　　　　　　　　图3　　　　　　　　　　　　　图4

教师请同学帮助挑选，并说出理由。

教师导出课题：这么多的靠垫都不一样，真是色彩丰富、姿态万千，可称得上是多姿多彩。

出示课题"多姿多彩"。

师小结：刚才从同学们的建议中，我得到了一个启示，既然每个人的审美观点都不一样，我们还不如自己亲自来设计一个靠垫呢！今天我们就一起来学习怎样设计出一个多姿多彩的靠垫。

二、探究阶段

师提问：同学们想一想，要设计好一个靠垫，我们需要从哪些方面去考虑呢？

学生分别从不同的角度提出自己的设计思路，教师根据学生提出的设计思路进行及时归纳和引导，从靠垫设计过程中需要注意的多样的形状、丰富的色彩、不同的材料和精美的图案进行探究。其中精美的图案部分要作为重点讲解，特别要对图案中的轴对称和中心对称进行详细讲解，靠垫的材料分析可以略讲，也可以省略不讲。

教师在探究阶段通过多媒体课件进行图片展示，并设置好课件之间的链接，在和学生一起探究的过程中及时转换到需要的设计内容课件。以下为探究靠垫设计的四个基本知识点：

1. 多样的形状

教师板书，同时出示不同外形的靠垫图片。

教师相应进行讲解：生活中最常见的靠垫是方形和圆形的（见图 4 和图 5），这里还有柱形的（见图 6），也可以在方形和圆形的基础上加以装饰（见图 7）；还可以把靠垫做成其他具体的形状，比如：牛头形（见图 8）、爱心形（见图 9），有的靠垫还可以做成立体的形状（见图 10）。

 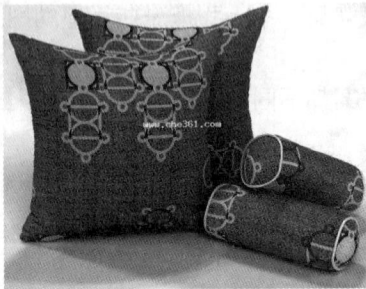 

图 5　　　　　　　　　图 6　　　　　　　　　图 7

图 8　　　　　　　　　图 9　　　　　　　　　图 10

2. 丰富的色彩

教师板书，同时出示颜色不同的靠垫图片。

教师进行分析和讲解：每个人喜欢的色彩都不一样，靠垫色彩的选择还要和周围的环境协调一致，我们可以选择深色的靠垫，也可以选择浅色的（见图 11）。生活中更多的靠垫是彩色的，有深紫色的花靠垫（见图 12），有大红色的草莓形靠垫（见图 13），有彩色的笑脸靠垫，同一系列的靠垫可以用不同的颜色（见图 14），也可以用彩色的花纹来装饰靠垫。

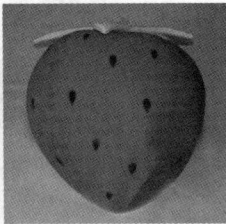

图11　　　　　　　图12　　　　　　　图13　　　　　　　图14

3. 不同的材料

教师板书，同时出示不同材料制作的靠垫图片。

教师相应进行讲解，不同材料制作的靠垫也可以带给我们不同的感受，比如现在的靠垫大多是用棉布和丝绸做的，这个可爱的靠垫是线织的（见图15），这些漂亮的靠垫是用海绵压制定型的（见图16），这个靠垫是一个用皮革制成的充气靠垫（见图17）。

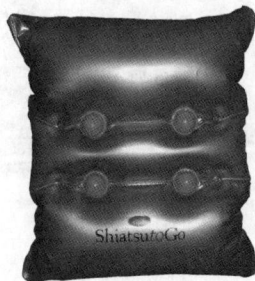

图15　　　　　　　　　图16　　　　　　　　　图17

4. 精美的图案

教师板书，同时出示各类不同图案的靠垫图片，教师分类进行分析、示范和讲解。

（1）图形的选择：

①各种动、植物以及其他物体的图案（见图18）；

②各种卡通图形、文字图样等（见图19、图20）；

③各种图形色块、花边纹样等（见图21）。

（2）图形的排列：

①自由图形排列，可用剪、画的方法制作，教师示范（见图22、图23）；

②轴对称图形，教师板示骨架，通过画、剪或手撕法示范（见图24至图26）；

③中心对称图形，用教具示范讲解（见图27至图29）。

在讲轴对称和中心对称时，教师用自制的可吸附的图案教具进行示范和讲解，学生在

图 18

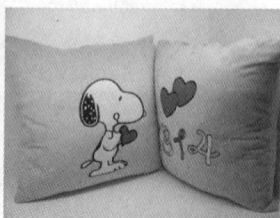
图 19

图 20

图 21

图 22

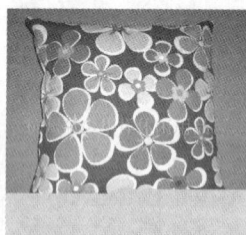
图 23

图 24

图 25

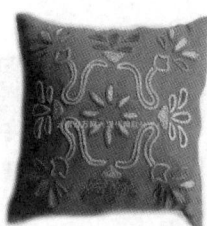
图 26

图 27

图 28

图 29

黑板上用教具进行对称图形的训练（见图 30）。

　三、实践阶段

　师：现在我们知道了如何设计一个靠垫，下面我们就来尝试自己设计一个靠垫。

　（1）展示不同的房间，儿童房、现代房、古典房等（见图 31、图 32）；

图 30

图 31

图 32

师：这里有一些不同的房间，请同学们想一想，这些房间适合设计什么样的靠垫呢？

学生回答，说出理由，老师总结。

（2）展示以前的学生作业（见图33至图35），教师进行讲解和设计引导；

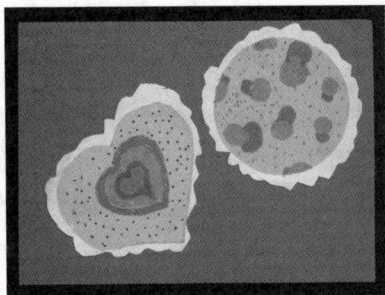

图33

图34

图35

师：现在同学们知道怎么设计靠垫了，你们想设计一个什么样的靠垫，请说一说！

学生畅谈设计思路，教师根据学生的想法提出设计建议。

（3）提出作业要求：

①可以用剪或画的方法完成一幅靠垫设计图，也可以综合运用；

②可以为老师出示的房间设计一个靠垫，也可以为自己家设计。

（4）放轻松的音乐，学生设计靠垫，老师巡视辅导。

四、评析阶段

（1）学生上台展示自己的作品，并且向同学们介绍自己的作品（见图36至图38）。

图36

图37

图38

教师引导学生从外形、图样和色彩等方面进行介绍。

其他同学也可以参与评价和提出建议。

评价建议：

①你设计的靠垫用了哪种骨式排列方式？

②你设计的靠垫准备送给谁？

③谁喜欢哪件作品，为什么？

④这个靠垫适合放在什么样的房间？

⑤你为什么用这些颜色来设计你的靠垫？

⑥你的靠垫要是做出来的话，你准备用什么材料？

⑦这个靠垫加上花边后，好看吗？

（2）教师做简明扼要有针对性的点评，并拓展延伸。

我们今天用剪、贴、画的方法做了靠垫设计图，同学们的设计各有特色，精美的图案设计不仅可以装饰在靠垫上，还可以装饰在挂毯、枕头、窗帘等生活用品上，也可以装饰在我们的服饰上。如果有条件的话，可以请爸爸妈妈帮助我们把今天的设计图做成真正的实物靠垫，装饰我们自己的小天地，使我们的生活更加多姿多彩！

【点评】

美术课程标准强调美术教学要通过观察、体验、构思、描绘、塑造、设计和制作等活动，引导学生关注自然环境和社会生活，关注身边的设计，发现生活中的美。

本课程的教学设计针对小学四年级儿童的心理特点和认知规律，侧重学生的体验过程，让学生自己去发现、创造、评价。遵循"直面生活、自主探究，有效合作，多元创新"的教学思想，通过家居环境的情境创设，让学生感受到美来自于生活，来自于我们身边的每一个角落。教学中能合理利用现代教育媒体，不但让学生欣赏造型各异、风格独特的靠垫，还形象地展示了靠垫的形状、纹样、色彩、材质，这样能在欣赏的同时让学生迅速地找出靠垫的特征，激发了学生创作的欲望，并运用轻柔的音乐配合学生的创作实践，使课程沉浸在曼妙的艺术氛围中。本课教学设计的突出特点是，整个课堂始终贯穿"多姿多彩"这根主线，"多姿"指的是靠垫的外形轮廓各异，"多彩"指的是靠垫上的图案和色彩精美，并以此为线索向学生展示了形状、材料、图案等具有代表性的靠垫图片，引导学生主动探究。通过欣赏、讨论、探索、总结、设计、创作、互动、评价的学习过程，层层递进，逐步梳理出靠垫纹样的基本骨式和设计步骤。特别是在突破本课的重难点轴对称和中心对称的两种对称纹样时，教师利用大量的图片资料细致、深入地讲解，除了运用实物道具和现场演示之外，为了突破难点还用到了教师自制的可吸附的图案教具进行示范和讲解，并请学生在黑板上用教具进行对称图形的训练。在评价环节，能让学生主动参与，对学生作品进行自评、互评，并提出了多达7条的评价建议，使学生的评价更具目的性和实效性，有效地避免了学生互评时"漫谈"和"乱谈"现象的发生，使其综合能力得到了提高。整个教学设计内容饱满，表达翔实，图片和实物资料丰富，体现了沈老师细致周详的教学风格。

（合肥师范学院　马晴）

【案例6】

《学画农民画》教学设计

合肥市包河区义城中心小学　商艳

（合肥市课堂教学评比一等奖）

教材分析：

本课是人美版第八册第十课，属于"造型·表现"课程，在大力提倡和发扬民族传统艺术形式的现实背景下，人美版教材对于农民画这类艺术特色鲜明的民间艺术作品从一年级开始就有潜移默化的渗透，从《谁画的鱼最大》到色彩系列课程中都不乏优秀农民画作品的身影，而且农民画本身也与其他民间艺术，如剪纸、年画、刺绣等有继承关系，本课即是建立在这些不断积累的基础上，让学生较为全面地了解农民画的艺术价值、艺术特色、独特的艺术感染力，并通过添画或改画农民画，学习农民画创作技法的同时，激发他们热爱民族艺术的情感。

学情分析：

农民画的题材来源于生活，具有大胆的想象力、无拘无束的表现手法、鲜艳的色彩和饱满的构图等特点。虽然现在的孩子可能已渐渐远离农村，但是他们同样热爱生活，渴望去表现发生在自己身边的生动故事，四年级的学生具有一定造型表现基础和色彩搭配能力，且农民画的艺术表现手法与孩子们的儿童画创作习惯有共通之处，容易产生共鸣，有利于鼓励学生生动大胆地表现自己的感受。

教学目标：

知识目标：通过欣赏，感受和了解农民画这一优秀民间艺术形式的起源、艺术特点和创作手法。

能力目标：学生能够运用农民画的装饰手法大胆改画、添画。

情感目标：使学生感受生活与美息息相关以及农民画的乡土气息和独特的审美情趣，了解民间艺术特有的艺术魅力，热爱并弘扬民族艺术。

教学重难点：

重点：了解农民画是我国民间艺术的一种绘画形式，学习运用农民画的装饰特点和夸张的表现手法，大胆表现生活中的感受，激发学生热爱民族艺术、弘扬民族艺术的情感。

难点：装饰色、装饰线的大胆应用。

教学方法：

教法：情境法、启发式教学法、赏析教学法、演示法、讨论法。

学法：探究法、自学尝试法、合作学习法。

教学准备：

教师：农民画资料、教学课件、学生优秀作品、彩笔、范画、学生作业纸。

学生：油画棒、水彩笔。

教学过程：

一、图片和问题导入

教师提问："请同学们看这幅作品（见图1），猜猜作者是谁?"

图1

（预测学生回答：梵高、小朋友的画……）

师引导："有的同学觉得是梵高？因为他的《向日葵》闻名世界，深入人心。还有同学认为这幅作品并不难，自己也能画出来。但是，这幅画的作者却是一位地地道道的中国农民。有人亲切地称呼她为'梵高奶奶'"。

过渡语："是什么让一位普通的农民能创作出这样的动人作品？让我们随着这位和蔼可亲的奶奶一起走入农民的世界，感受他们的真实生活吧。"

（设计意图：（1）通过欣赏农民画《向日葵》，让学生初步感受农民画的艺术特点，色彩明亮、造型平面、画面风格纯真自然。拉近学生与农民画作品的距离。（2）猜一猜创作者是谁，让学生放松心情根据风格判断创作者的身份。（3）由创作者——亲切的"梵高奶奶"引出疑问，激发学生探究农民画的兴趣。）

配乐展示民间生活写真图集。

图集欣赏分为三部分：一是美丽的乡村景色（见图2）；二是农民们辛勤劳作的场景；三是农民丰富多样的艺术创作。

教师配合音乐解说："自古以来我国就是一个以农为本的泱泱大国，无数的农民在广袤无垠的田野上，用他们的勤劳和汗水哺育了一代又一代的中华儿女。"

"他们日出而作、日落而息、默默耕耘，虽然辛劳，却收获着满心的喜悦。他们不仅热爱生活、更乐于表现生活——剪窗花、做花馍、刺绣、蜡染、雕刻、绘画……他们用自己的方式不断描绘和追寻着心中的梦。"

"难怪有人说：劳动人民才是真正的艺术家！"

图2

（设计意图：通过分类的精美图片创设情境，让学生直观感受农民生活、劳作、艺术创作情境，一方面加深学生对于民间生活的感受，另一方面使学生体会广大劳动人民的智慧与辛劳以及他们精美的艺术创作给生活带来的美好。）

二、讲授新课

教师："在异彩纷呈的民间艺术宝库中，有一颗耀眼的明珠，它就是'农民画'，今天我们就一起来学习第十课——《学画农民画》。"（板书课题：第十课　学画农民画）

（一）感受农民画

请同学们打开书本自由欣赏，初步感受农民画的艺术特点。

学生自主欣赏，可组内自由交流想法。

（设计意图：充分利用课本资源，学生自主欣赏可以让学生充分感受，独立思考，保留对作品的第一印象，组内自由交流营造轻松的环境鼓励学生分享自己的想法）

（二）赏析农民画

教师："老师还带来了一些精美的农民画作品和大家一起分享。"

出示农民画作品若干（见图3）。

问题一：欣赏了这些农民画作品，大家觉得农民画表现的是什么主题？

（预设学生回答：表现农民生活、劳动、丰收的主题……）

师小结：对，农民画就是由民间艺术家们创作的以农民生活为主题的艺术作品。

问题二：和大家熟悉的艺术作品相比，农民画给你的不同感觉是什么？色彩怎么样？人物与背景的表现如何？

（预设学生回答：画面很丰富、色彩鲜艳、造型比较奇特……）

问题三：农民画以其鲜明的艺术风格和特点区别于其他绘画形式。请同学们仔细观察农民画作品《猴吸烟》（见图4），对比现实生活中的小猴，作品中的形象有哪些不同？

（预设学生回答：变形夸张、敢于大胆创作、花纹与线条装饰鲜艳……）

教师根据学生回答适时总结并板书：　　　构图饱满　　色彩鲜艳
　　　　　　　　　　　　　　　　　　　造型夸张　　大胆表现

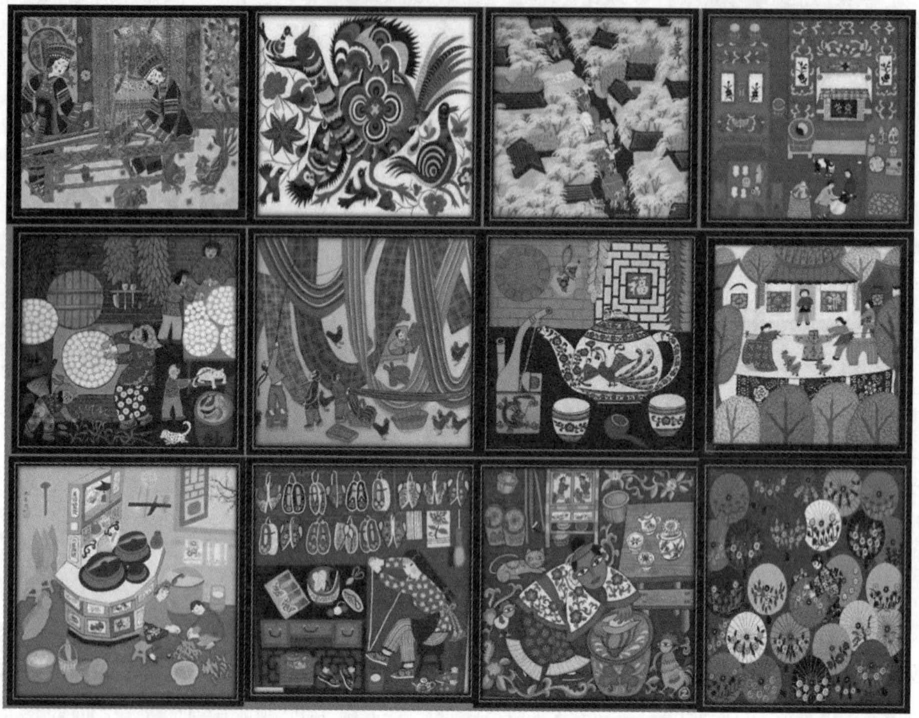

图 3

除了这些主要特点之外，不同地域的农民画也存在一定差异。

（设计意图：引导学生欣赏探究和对比分析，总结农民画的概念和艺术特点，通过与学生熟悉的图片与艺术作品相比较，学生可以感受到农民画构图饱满、色彩对比强烈、鲜明、大胆表现的艺术特点以及充满创造力的不拘泥于现实物象的装饰表现手法。引导学生有针对性地分析作品，增强学生自主分析、探究、解决问题的能力。）

（三）学画农民画

过渡语："只要掌握了这些特点，我们学画农民画就有规律可循了。"

问题一："瞧！有位同学就学画了一幅《猴吸烟》（见图5），同学们看看怎么样？"

（预测学生回答：添加了很多内容，变换了背景色……）

师适时强调：我们学画农民画的方法之一就是添画。

问题二：与原作相比较，你们能发现添画了哪些具体内容吗？

（预测学生回答：背景上的鸟、花、蝴蝶等。）

（设计意图：教师通过问题创设引导学生对比观察、分析添画作品的方法，为后面学生自主学习做铺垫。）

学生小组合作，自主学习。

教师出示另一组作品："除了添画之外，我们还能用改画的方法来学画农民画，这是另一个同学改画的作品《磨谷谷》（见图6），请大家组内合作，找一找画中哪些地方做

图 4

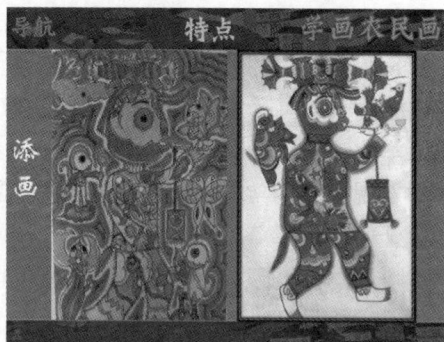

图 5

了改动。你们认为改得怎么样？如果是你们会改些什么？"

图 6

（学生观察思考讨论后回答。）

（设计意图：学生合作学习如何改画，提高学生合作自学能力。老师通过提问鼓励学生大胆想象，用自己喜欢的色彩和线条去改画。为学生完成作业做准备。）

（四）教师示范，揭示创作方法——师生互动改画和添画作品《舞龙》

教师出示未完成线描的作品。询问学生："看来，利用添画和改画的方法，我们学画农民画就容易多了，上课前老师也学画了一幅作品，不过还没有完成，同学们能帮我一起看看，怎么改下去比较好吗？"

（预测学生回答：改龙身的花纹、改人物服装图案。）

教师根据学生回答直接改画："大家的建议真不错，改动了这些之后画面很丰富也更具有农民画的装饰意味了。"

教师询问："改好之后这样算完成了吗？"

（预测学生回答：还不够，背景空白的地方太多，可以再添画一些内容……）

鼓励学生大胆上前帮老师添画上他喜欢的图案与线条。

教师及时鼓励表扬："很有创意，背景上添画了烟花和彩带，构图更饱满了，节日的气氛也更浓厚了，感谢你们的帮助。"

（设计意图：通过师生共同示范加强学生对于添画和改画方法的学习，但教师要着力于鼓励学生张扬个性，表现出自己喜欢的与众不同的农民画作品。）

三、学生实践

老师发现很多同学也忍不住想学画一幅农民画了，请看一下作业提示。

赶紧开始吧。

（学生根据作业纸，在农民画作品线描图的基础上添画或改画并填色。）

教师巡回指导。

（设计意图：采用印好农民画大致外轮廓的线描稿为作业纸，一方面降低了作业难度，另一方面给学生更多的时间去发挥想象，富有个性和创意地添画和改画作品，有重点、有针对性地达到作业练习目标。）

四、作品展示与评价

师："同学们完成作品以后请帖到我们的'农家乐'作品展里来。"

师："这幅画老师觉得很有个性，请创作者谈一谈你的绘画感受。"

学生自评，教师表扬鼓励，补充评价。

师："同学们，你们找到自己喜欢的作品了么？说一说哪里值得学习。"

学生互评，教师提示针对农民画的特点以及个性来欣赏和评价。

（设计意图：采用农家乐画展形式来展示学生作品，营造朴实欢快的赏评氛围。教师要注意引导学生从农民画特点的角度来欣赏和评价作品，鼓励学生积极发现别人作品中的闪光点，表扬为主，建议为辅。）

五、小结与拓展

1. 小结

师："今天我们一起认识和学画了农民画，同学们有什么感想和收获？"

（学生发言。）

师："没错，我们不仅要从农民画里学到特殊的表现方法，也应该学习他们勤劳朴实、热爱生活、勇敢追梦的珍贵品质。"

2. 拓展

师："这些中国梦公益广告就出自于民间艺术家之手。他们不但勇于追梦，更希望通过自己的作品，感染更多的人，一起追寻我们的中国梦……"

"下课，同学们再见！"

（设计意图：拓展欣赏农民画公益广告作品，升华中国农民画作品以及民间艺术家们积极向上的感染力，鼓励学生大胆用艺术创作表达和传递情感。）

【点评】

美术课程标准明确提出基础教育阶段的美术课程要"引导学生参与文化的传承和交流"，"要在广泛的文化情境中认识美术"。美术既是一种文化的类型也是一种文化的载体，美术的学习不仅在于技巧，也体现在某个文化关照下的对美的感受。美术教学中针对中国农民画的认识与探究，有利于学生们深入了解民族文化的丰富内涵，理解作品中呈现的劳动人民热情乐观、积极向上的生活态度。对于生活在城市的孩子，农村的生活已较为遥远，对于农民画更是知之甚少，所以本课的教学是有一定难度的。面对这一困难，教师在教学设计中主动营造农民生活的真实氛围，积极引导学生体会农民的生活，具有很强的代入感。例如，在引入部分，教师用包含情感的语言解说着美丽的乡村景色和农民们辛勤劳作的场景，声形并茂，营造氛围让学生体会劳动人民的勤劳和智慧。在展示农民丰富多样的艺术创作的同时，教师以提问和追问的方式，启发调动学生的主观能动性，引导学生自主赏析，多看多感受，进行对比分析，充分启发学生，提高学生的审美能力和学习兴趣。课程教学突出学生自主学习意识，充分体现以生为本，具体表现在"赏析农民画"和"学画农民画"环节中。"赏析农民画"环节教师创设机会，让学生欣赏农民画，思考农民画的特点，引导学生理解农民画"造型夸张、色彩艳丽、构图饱满、大胆表现"的造型特点。进而将农民画中的形象和生活中的形象进行对比分析，使学生们发现农民喜欢用自己熟悉的形象来打扮作品，装饰纹样多是生活中常见的花草、动物等形象，为后续的改画和添画作业练习打下基础。在"学画农民画"环节中，教师展示了众多特征鲜明、典型的农民画作品供学生赏析，并让学生以小组合作的方式研究讨论对农民画进行添画和改画的方法。

农民画突出地表现了广大劳动人民对真、善、美的追求，培养了农民的生活情趣，是丰富农民生活的精神食粮，它对于学生的思想品德和审美情趣的培养有很好的教育价值，更能使学生深刻体会到"艺术来源于生活，并高于生活，服务于生活"的理念。

（合肥师范学院　马晴）

【案例 7】

《一张奇特的脸》教学设计
合肥市锦城小学　刘梦云

教材分析：

本课是人美版美术教材三年级第六册第 16 课内容，本课属于造型·表现领域的课程，是陶艺制作课系列中的浮雕头像制作。本课教材左页通过展示古埃及的图坦卡蒙金面具与中国的京剧脸谱、贵州面具，让学生了解不同民族的面部造型艺术的特点，并通过欣赏找出艺术表现手法。教材右页展示了学生用陶泥制作的奇特的脸，这些作品的脸型各异，还采用了不同的工具与方法进行制作，给学生创作提供了参考。学习陶艺不仅是让孩子们接触陶泥，亲近大自然，更是为了培养学生的动手能力、夸张想象能力、创造性思维能力。学生在了解古今中外头像造型艺术的同时，初步感受不同人文环境下，不同的文化背景孕育出的不同的艺术风格。

学情分析：

三年级的学生对软陶泥的造型捏制十分喜爱，孩子们对塑造一张奇特的脸也非常感兴趣。因此本课教学紧抓学生的学习兴趣，从研究怎样制作一张奇特的脸入手，探索性地分析研究并综合自己的多方面知识和体验，促使学生积极地进行创作，培养学生自主探究的能力，在合作交流中积累经验。

教学目标：

（1）知识与技能：了解不同国家与民族脸部造型艺术的特点，了解奇特的脸的造型特征，能够运用运用夸张、变形的艺术手法，进行一张奇特的脸的创作。

（2）过程与方法：引导学生通过欣赏、分析不同的脸部造型的特征，在对比中了解夸张、变形的方法，引导学生采用揉、捏、粘、压等技法进行简单塑造，创作一张奇特的脸，提高学生非写实性造型能力。

（3）情感态度与价值观：感受各民族脸部造型艺术的魅力。培养学生的感知力、想象力与创造力。培养学生耐心细致、持之以恒的学习态度以及热爱传统文化的情感，提高审美情趣。

教学重难点：

（1）重点：学习用泥塑揉、捏、粘、压等技法进行简单塑造，创作一张造型奇特、富有创意的脸。

（2）难点：塑造奇特的五官造型与装饰。

教学准备：

（1）古埃及面具、京剧脸谱、非洲面具等图片资料。

（2）泥、羽毛、弹珠、瓶盖等小物品或各种废旧材料。

（3）陶泥或彩泥。

（4）提前录制好的微课程，即制作过程的视频。

教学过程：

一、欣赏导入

师：同学们，今天老师带来了几张脸的图片（见图1至图4），请同学们一起欣赏一下（出示古埃及面具、贵州面具、京剧脸谱和非洲面具。）

提问：这些脸与正常的脸有什么不一样？

预测学生回答：色彩很鲜艳、脸上有一些东西我们没有、脸的形状不一样、眼睛突出得很大很圆、有一个像非洲人的脸好黑……

师：同学们观察得很仔细，这些奇怪夸张的脸型、变形的五官和鲜艳的色彩搭配就组合成了一张张很奇特的脸。（出示关键词：夸张的脸型、变形的五官、鲜艳的色彩）

师：今天我们就一起来学习《一张奇特的脸》。

（出示课题：《一张奇特的脸》）

（设计意图：学生通过观察欣赏这些面具，从而了解经过艺术处理的脸与我们生活中看到的脸有什么不同，发现奇特之处。）

二、探究活动：找一找

提问：这些脸为什么看上去很奇特？它们是怎样进行夸张变形的呢？

图 1　图坦卡蒙金面具　古埃及　　　　　　图 2　贵州面具

图 3　京剧脸谱　　　　　　　　　图 4　非洲面具

师：我们一起来看一组对比图（出示六小龄童和其扮演的孙悟空图片，请学生观察。）

找一找，这张脸在哪些地方进行了夸张和变形？

师：谁找到了这个脸上哪里进行了夸张、变形？请找到的同学把手举起来。（分析对

比图）

学生活动：分别找三个学生上来在白板上圈画出夸张变形的部位并说出理由，圈画完以后请坐在下面的同学检验对不对，如果有不同意见请其上讲台在白板上圈画并说出理由。

找一找，这张脸在哪些地方进行了夸张和变形？

（设计意图：在这个自主探究的过程中解决脸部进行造型时，哪里可以进行夸张、变形；并通过直观的对比使学生明白什么是夸张、变形，从而掌握夸张、变形的方法。在学生圈画、交流的过程中使学生主动参与课堂活动。）

板书：夸张、变形

三、欣赏泥塑作品

师：刚才通过同学们自己的力量找到了面部的哪些地方可以进行夸张变形，现在我们来看看利用了这种夸张变形的造型表现方法制作的泥塑脸是什么样的（见图5）。（课件出示泥塑作品）

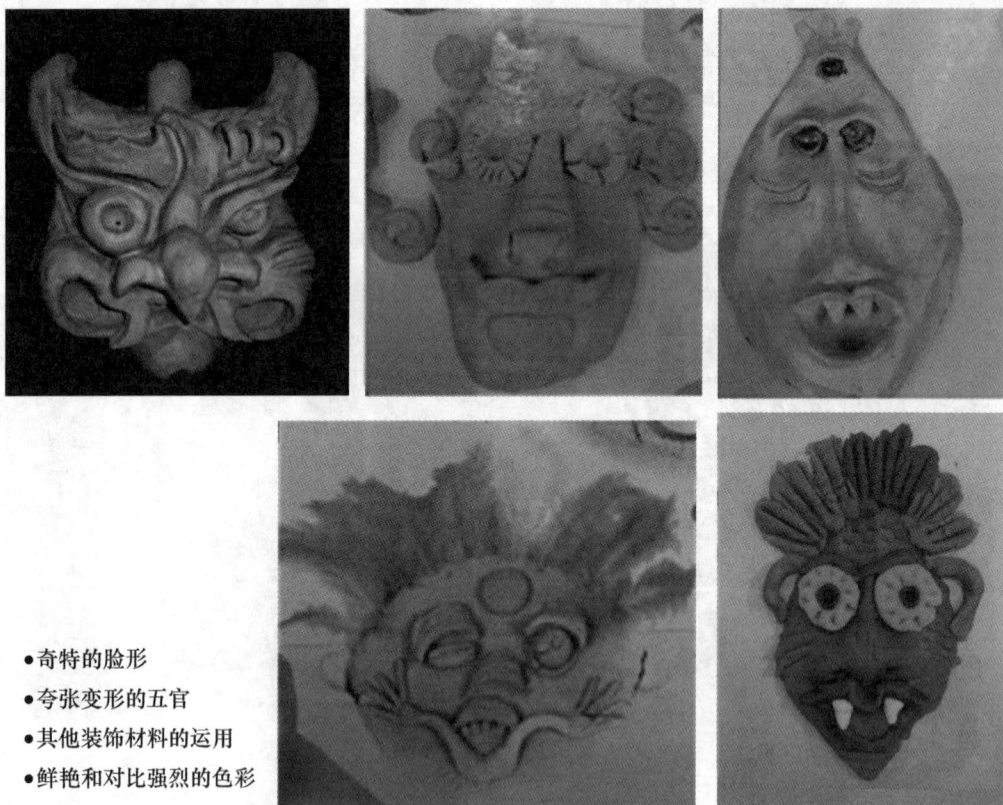

• 奇特的脸形
• 夸张变形的五官
• 其他装饰材料的运用
• 鲜艳和对比强烈的色彩

图 5

教师引导：

提问1：你们能说说这些作品的脸形是什么样的吗？（板书：奇特的脸形）

预测学生回答：长的、圆的、菱形的、梯形的……

教师根据学生回答情况补充：这些脸形都比较奇怪，除了这些形状我们还可以用三角形、不规则形状，只要是你们能够想到的与正常的脸形不太一样的都可以。

提问2：五官是怎样变形的？（板书：夸张变形的五官）

预测学生回答：五官凸出、给五官做出纹路、五官形状改变。

教师引导：除了软陶泥之外还可以用其他材料进行五官造型吗？

预测学生回答：用玻璃球做成眼睛、用尺子在五官上做出纹路……

教师引导：那人的头发可以怎样夸张呢？能否用羽毛或其他材料当成头发？同学们在制作的时候可以利用一些小物件，让你们做的奇特的脸更特别。

师：我们今天使用软陶泥进行制作，同学在制作时要注意色彩的搭配。

提问3：谁知道色彩怎样搭配会让我们制作的脸看上去更奇特？

预测学生回答：色彩鲜艳一点、用冷暖色对比……

师：没错，运用对比强烈的色彩可以使制作的脸更奇特。（板书：鲜艳和对比强烈的色彩）

（出示造型要点：奇特的脸形、夸张变形的五官、其他装饰材料的运用、鲜艳和对比强烈的色彩。）

（设计意图：引导学生观察泥塑作品，通过对教师提出的三个问题进行思考与回答，教师引导学生自己找出利用橡皮泥制作奇特的脸需要注意的要素，再由教师总结出要点：奇特的脸形、夸张变形的五官、其他材料的使用，色彩的搭配。在学生欣赏、解疑的过程中提高学生的分析、表达能力，增强学生完成作业的自信。）

四、了解制作过程

师：说到这里，同学们一定想开始制作了，不要着急，我们一起看一段视频，了解一下制作过程（见图6）。（播放提前录制的制作视频）

（边放视频边进行解说：为了让脸更大一点，我们选择手中颜色比较相似的两个橡皮泥，把它们搓揉到一起，再捏出脸的形状，放在卡纸上，防止我们做的脸散掉。把鼻子捏起来再进行塑形，你们也可以做好一个鼻子后粘在脸上。做眼睛的时候你们可以像老师一样用东西按压也可以选择你们手中的其他材料。我要做两个大一点的牙齿，这样看着更特别一点，牙齿选用黄色，与紫色的嘴巴形成对比。老师选择鼻子和嘴巴的颜色时会故意与脸、眼睛的颜色区分开，这样色彩的对比效果会比较好。）

师：看完了视频老师想问你们刚才这个制作视频里用到的捏制方法你们还记得吗？

预测学生回答：揉、搓、按、捏、粘。

（设计意图：提前录制制作视频在教学中使用是微课的一种形式。在大屏幕上进行播放避免了教师现场示范时有些同学因为角度问题看不到或看不清的情况发生，可以让学生看得更清楚。边看视频边讲解，使学生既可以了解得更详细又可以节省课堂时间。这种制作视频在课后可以循环使用以及做教学研讨使用。）

五、学生自主创作

师：接下来的时间交给同学们，请你们发挥想象自己做一张奇特的脸，注意表现出奇特的脸形、夸张变形的五官，可以用你们带来的其他装饰材料。

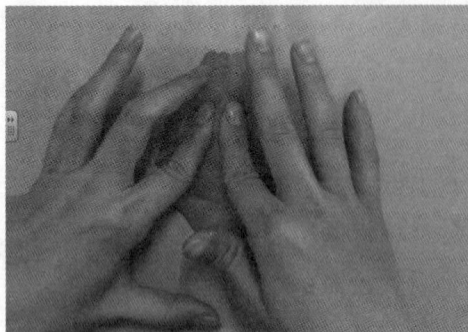

视频截图 (1)

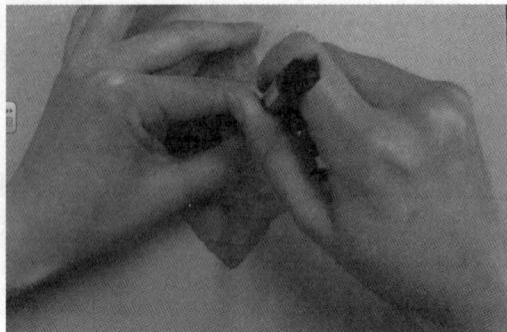

视频截图 (2)

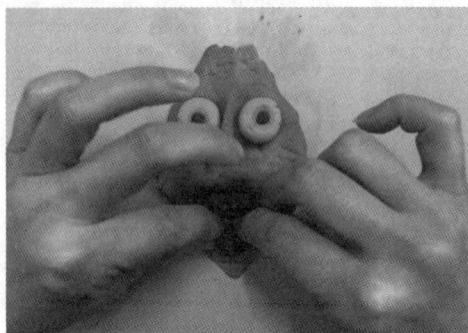

视频截图 (3)

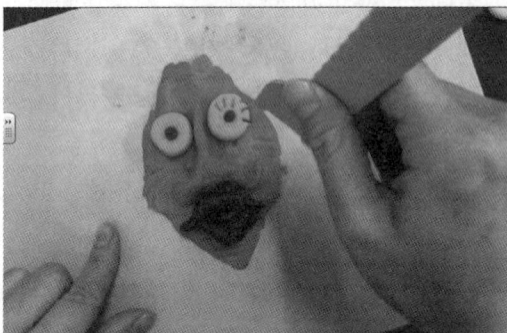

视频截图 (4)

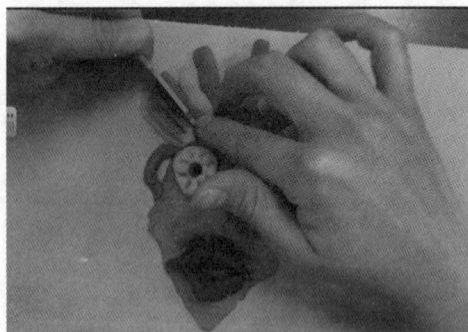

视频截图 (5)

视频截图 (6)

图 6

学生创作时教师巡视指导。

（设计意图：明确作业要求，学生用自己带来的工具进行创作，教师在巡视过程中发现个别问题及现象并进行个别指导。）

六、展示评价

师：请同学们将做好的作品拿到讲台上来（将学生的作品用实物展台进行展示）。

（设计意图：软陶泥作品拿在手里展示很容易分离、损坏，并且拿在手里展示只有部分同学可以看清，后面和侧面的同学因角度问题会看不到或看不清。)

师：请同学们来说说你们喜欢哪一个作品，它好在哪里（引导学生从奇特的脸形、夸张变形的五官、强烈的色彩对比、其他装饰材料的使用这几点进行评价）。

师：老师想问一下这个作品的作者，你为什么会这样做呢？你在创作时是怎么想的？

老师觉得这幅作品很特别，能请创作者来说说吗？

（请两名学生说一说自己创作的想法，并进行自我评价。）

（设计意图：引导学生进行他评与自评，提高学生的表达能力，在表达过程中增加美术术语的使用频率，在围绕重难点进行评价时巩固知识，提高美术评价能力。）

七、小结与拓展

师：今天同学们掌握了利用夸张、变形的造型表现方法进行"奇特的脸"的制作，请同学们回家以后用剩下的软陶泥与家长一起利用夸张、变形的造型方法做一做其他东西。

（设计意图：通过让学生利用本节课学到的表现方法进行其他创作，引导学生学以致用。）

教师将学生的作品拍照、留存，收集的学生作品可以在其他班级教学时使用，也可以将学生作品上传博客，让家长与其他学生欣赏。

【点评】

本课属于小学美术三年级造型·表现领域的学习内容，这一阶段的学习要鼓励学生尝试不同工具和各种媒材，开展造型表现活动，并借助语言表达自己的想法，自由地表现所见所闻、所感所想，体验造型活动的乐趣。彩泥、软陶泥（超轻黏土）等泥材是现代美术课中常见的塑形材料，使用简便、色彩丰富，能极大地提升学生对造型表现活动的兴趣，促使其大胆、自由地表达自己的观察、感受和想象，创作出能反映自己学习水平的作品。

本节课就是以面具造型为载体，选择彩泥、软陶泥这种易于加工的媒材，运用粘贴、堆叠、切挖和组合等方法，进行有意图的造型活动。教师为了开拓学生视野，提高兴趣，在设计导入环节时用了一些日常生活中学生们不常看到的面具，特别是造型独特夸张的非洲面具。在教学过程中充分调动学生的积极性，充分利用电子白板的交互功能，让学生参与到课堂中，使学生在探究与交流中有所收获。本课有两个亮点：一是通过六小龄童与其扮演的孙悟空图片进行对比，请学生上台在电子白板上进行圈画，找到脸部夸张变化部位，较好地完成了预设目标。二是教师示范部分使用提前录制的短视频，并且教师配以说明，在较短的时间内使学生直观地了解了夸张的面具制作过程与方法。这种微视频的使用既节省课堂时间又可以达到较好的教学效果。最后在进行作品展示时也充分考虑到作品的情况，采用实物展台进行展示，可以更好地呈现学生的作品，促进全班交流与评价。评价环节能围绕本节课的学习重难点，引导学生进行欣赏、评价。

（合肥师范学院 马晴）

🦉 **【案例8】**

《亲亲密密一家子》教学设计
合肥市钢铁新村小学　方星
（合肥市教学示范公开课）

设计思路与教材简析：

本课是人美版小学美术第7册内容，为了让学生对亲密一家人有更深的认识，体现课标理念，在广泛的文化情境中认识美术，本课以"情"为主线，培养学生热爱小家——热爱祖国——热爱社会，层层递进中感悟亲情。这节课主要借用信息技术直观的特点，以学生的自主探究为主，另外本课设计了分享快乐、情感体验、探索技法、展示交流等教学环节。让学生不仅学习拓印版画知识、技法，还能初步感受关爱的浓浓亲情。

教学目标：

（1）通过学习，了解掌握粉印版画这一表现形式。

（2）能通过仔细的观察回忆，表现一家子亲亲密密的生活场景，了解粉印吹塑纸版画的表现风格。

（3）通过创作表现一家子的亲密场景，激发学生的爱心，培养学生丰富的情感世界。

学情简析：

学生在上学期学过基本的拓印版画知识与表现方法，为本课奠定了基础。学生能够用拓印技法进行制作，但对亲密一家子理解不够深入，造型上比较单一。所以本课重点要调动学生的学习积极性，在感受亲情的基础上鼓励学生大胆想象，用水粉拓印的方法表现造型多样且富有亲情的一家子。

教学重难点：

重点：运用粉印版画的形式，表现一家子亲亲密密的场景。

难点：具体情节的表现、颜料水分的掌握。

教学准备：

教师准备：画具、课件、学生用纸、水粉、调色盘、粉刷。

学生准备：废旧报纸、粉刷。

教学活动过程：

一、导入新课

组织教学，师生问好。

师：同学们，你们知道幸福是什么吗？

生：幸福是一种快乐的感觉。

师：是啊，幸福是快乐，幸福是满足，那这节课老师就先和你们聊聊我的幸福生活！

（投影展示老师的"亲亲密密一家子"）

在世界上生活着三个幸福的圆圈，大圆圈是我的老公，他性格外向，总喜欢眯着他的小眼睛大笑，那个中圈的是我，虽然我的眼睛不大，但是我也特别喜欢笑，而且我还喜欢各种颜色的气球，因为我总幻想着有一天它能带我飞向远方。最小的圆圈就是我的宠物狗robin，它总喜欢傻傻地盯着远方。我们三个幸福地漫步在草地上，瞧！我们三个圆圈组合在一起，简单又幸福，这就是我的亲亲密密一家子！同学们，你们能把与家人最幸福、最甜蜜的瞬间像老师这样用画表现出来吗？好，今天我们就一起来学习第16课《亲亲密密一家子》。

出示板书——《亲亲密密一家子》。

二、新授

师：现在有谁能和大家分享一下你的快乐呢？

生：我和家人在一起过生日。

生：我能像猫咪一样睡懒觉。

师：是啊，其实在我们生活中总有许多甜蜜的瞬间，让我们感到浓浓的亲情。

1. 展示亲密的一家子图片，引导欣赏

师：瞧！多幸福的一家（见图1）。

图 1

（课件出示一家子亲密的图片，带领学生一起感悟关爱就在身边。）

师：在这里，老师突然有个问题想考考大家，爸爸妈妈记得你们的生日吗？那有多少同学记得爸爸妈妈的生日呢？

小结：是啊，希望平时同学们也能帮助爸爸妈妈做些力所能及的事情。

师：谁来说说这张图片上有谁？他们在做些什么？

生：一位慈祥的奶奶在喂自己的小孙子吃面条。

师：多么朴实的一家子啊！

师：下面老师要带你们认识一位小女孩，展示图片并提问：有谁认识她吗？

其实她就是5·12地震中受难的小女孩，她的父母已经不在人间了，可是她依然很坚强，你有什么话想对她说吗？

生：你要坚强，在你身边还是有很多人关心你、爱护你的。

小结：是啊，其实我们的祖国就是一个大家庭，在灾难面前这么多素不相识的人都会伸手援助她，因为我们是亲亲密密的一家子。

2. 亲密的动物

师：其实人类有亲情，小动物们也有亲情。看看这些图片展示了什么样的故事呢？同学们相互交流一下（见图2）。

图2

师：其实这就是非常著名的故事"乌鸦反哺"。别看乌鸦全身漆黑，外表也并不怎么好看，但是它们有种美德值得大家学习，就是在乌鸦母亲年老体衰不能觅食时，小乌鸦就会飞出去寻找可口的食物，回来嘴对嘴地喂到母亲的嘴里。

师：小羊每次喝奶的时候都是单膝跪地，就是为了感谢母亲的哺育之恩。

小结：其实整个地球就是一个大家庭，我们要爱护动物，不要肆意捕杀；我们要爱护植物，不能乱砍滥伐。我们都要爱护这个大家庭！

3. 展示粉印版画作品，引导欣赏（课件）

师：下面老师还给学生带来了一幅画，你们看！有谁能说一说图上有什么内容呢（见图3）？

生：一家三口，爸爸在挑水，妈妈背着孩子在生火做饭。

师：这是一幅充满生活气息的作品，画中的爸爸妈妈正为生活而忙碌着，而宝宝却在妈妈的背上睡着了，多么朴实、温馨的一家子！还有这些，"狮子的快乐一家"、"快乐歌唱的小鸟"、"幸福的一家三口"。咦，同学们你们知道这些画都是什么画吗（见图4）？

小结：这种绘画方法叫粉印版画，刚才我们看到的都是复色版画，你们看还有单色粉印版画。

4. 讲解并演示用粉印版画表现亲密一家子的方法

师：我们先来看看需要哪些材料工具。水粉颜料、彩纸、水粉笔、铅笔、夹子（见图5）。

图3

图4

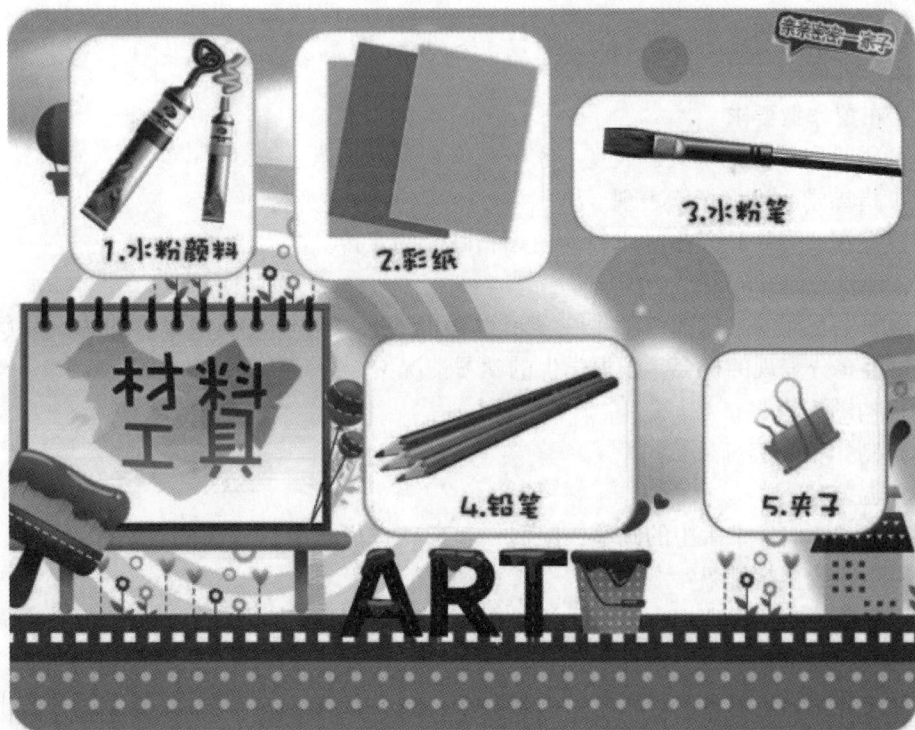

图5

第一步：构思。

师：先想想我们需要表现什么样的题材呢？是人物、动物，还是其他东西呢？

第二步：刻画（见图6）。

师：在 KT 版上刻画图案，注意，铅笔不要太尖，否则容易划破画面。

第三步：上色（见图 7）。

图 6   图 7

师：上色要均匀。

第四步：拓印。

三、布置作业要求

（1）用粉印版画的形式，表现一家子亲亲密密的情景。

（2）指导学生进行拓印表现。

（3）巡视指导。重点指导水粉的使用，画面的安排。

四、评价

采用师生互评的方式围绕学生在学习过程中的收获与体会畅谈自己的感受和新的发现。给学生充分表现的机会，根据学生的学习情况给予一定的激励和肯定。

（1）构图饱满奖。

（2）制作精美奖。

（3）温馨亲密奖。

师：请同学们停下手中的画笔，咱们一起来欣赏黑板上这些美丽且富于亲情的作品。有谁来说说你最喜欢哪幅？

生：我最喜欢字母那幅，因为我觉得 26 个字母就是一家子，少了哪一个也组成不了一些单词。

生：我喜欢快乐的萝卜一家，它刻画清晰，表现的内容也很活泼，整幅画面看上去很特别。

师：相信时间再多些，我们班会有更多更棒的作品。

五、拓展延伸

总结：同学们，其实在我们成长中，总有许多帮助过我们的人。最后，我想请同学们和我一起表演一段朗诵《当我老了的时候》，来感谢曾经在我们身边给过我们亲情和帮助的人！

"当我老了，双腿因有劳疾而步履蹒跚的时候，请你伸出你有力的手搀扶我一下，就像你小时候我扶你走路一样。

当我老了，喋喋不休地说一些你听腻的话，请你不要打断我，就像你牙牙学语时，我逐字逐句教你说话一样。

当我老了，请你对我有点耐心，因为我已经不是原来的我了，请你用爱心和微笑陪我走完最后一段路，就像当初我用尽心力引导你走上人生路一样。

孩子，我对你的爱是无限的，当我老了，哪怕你付出点滴的爱，我也心满意足了，因为你理解了我。"

师：同学们，通过这节课的学习，希望同学们都能拥有一颗感恩的心。在这里，老师也祝愿所有的孩子们生活甜甜蜜蜜，都有一个幸福的家。好，这节课就上到这里，下课！

【点评】

本课是人美版小学美术第 7 册内容，属于"造型·表现"领域。为了让学生对亲密一家人有更深的认识，本课以"情"为主线，培养学生热爱小家——热爱祖国——热爱社会，层层递进中感悟亲情。首先，本课教师利用多种教学方法和多媒体辅助手段，为学生创造了一个直观、生动的教学情境。该课内容多，涉及范围广，学生可能会不能在有限的时间内完成，所以在教材的处理上化难为简，将复色版画改为单色版画。其次，分为两段进行教师示范。在导入阶段用线在 KT 版上作画的形式将亲密一家子表现出来，在新授阶段引导学生用粉印版画形式完成，给学生提供了充足的时间作画。另外，学生对亲密一家子的范围的理解可能存在局限，所以在设计环节中通过从小家到大家，从人物到动物，再到整个地球的形式，层层递进，拓宽学生思路，启发学生大胆表现。在评价作业环节，通过学生自评、互评、师评的形式带领学生发现粉印版画的魅力及现有的不足。最后，通过带领学生分角色朗读诗《当我老了的时候》来感悟亲情，将课本上的知识技法升华为情感体验，也希望通过学习本课，每个学生都有一颗感恩的心。总之，课程设计始终由"情"字贯穿。这节课主要借用信息技术直观的特点，以学生的自主探究为主，但也加入了快乐分享、情感体验、探索技法、展示交流等教学环节，让学生不仅学习绘画知识、技法，还能感受到家庭的关爱和浓浓亲情。

（合肥市南门小学　刘晶辉）

【案例9】

《漂亮的瓶子》教学设计

合肥市南门小学·恒盛皇家花园校区　贺弯飞

教材分析：

本课属于人美版一年级美术下册第 4 课。瓶子是学生们日常生活中的常见事物，本课以瓶子为例，让学生了解对称图形，并在制作、欣赏、评析的过程中理解瓶子的外形特征，通过设计瓶子、装饰瓶子、展示瓶子来体现学生的创意思维，学会装饰生活、美化生活，激发学生的创作激情及对美术的持久兴趣。

学情分析：

一年级学生好问、好动、好奇心强，他们有强烈的表现欲望，有极其丰富的想象力，但他们的观察能力、动手能力、探究能力、表现能力较弱。一年级的小朋友对瓶子具有一定的生活经验，他们在生活中会接触各种类型、功能的瓶子，能很好地理解瓶子的功能和用途。学生们经过前一学期的美术学习的积累，已具备了一些简单的制作能力，可以用剪刀剪出简单的图形和设计制作简单的图案形状。

教学目标：

（1）知识目标：分析中外不同瓶子的造型，认识瓶子的特点，学习瓶子的制作与装饰方法。

（2）能力目标：通过制作各种不同造型的瓶子培养学生的动手制作能力、表现能力及创新思维。

（3）情感目标：在自主、合作、探究的学习过程中体验美术活动的成功与快乐。

教学重点难点：

教学重点：感受瓶子的艺术魅力，能制作出一个造型别致，图案、花纹、色彩好看的瓶子作品。

教学难点：如何剪一个对称形状的大瓶子及各种装饰方法。

教学用具：

教具准备：白板课件、彩纸、剪刀、彩笔等。

学具准备：彩笔、彩纸、儿童剪刀、课本等。

教学过程：

一、视频导入，激发兴趣

视频导入：动画片《喜羊羊与灰太狼之陶瓷是怎样做成的》片段。

师问：喜羊羊、懒羊羊、沸羊羊将美羊羊妈妈送给她的花瓶打碎了，美羊羊哭得非常伤心，我们班同学能不能帮帮喜羊羊他们，给美羊羊做一个更漂亮的瓶子送给她，让她笑起来呢？

生：好。

师：今天我们就一起来学习怎样做一个漂亮的瓶子吧！同学们，请翻开书本第四课《漂亮的瓶子》。

（出示课题《漂亮的瓶子》。）

二、初步尝试，了解特点

游戏1：拼一拼

课件展示：两个古代的花瓶：古希腊的《黑绘陶壶》和明代的《五彩镂空云凤瓶》分别分割成四块（见图1），让学生拼成原来的样子。

师：老师家里有两个非常漂亮的瓶子，可是不小心把花瓶打碎了，我们班同学能不能帮帮老师，将瓶子拼成原来的样子呢？

图 1

请学生上台拼花瓶，其中一个同学拼错了。

师：有没有同学愿意帮一帮她呢？

请其他同学帮助她拼完。

师：在我们班同学们的帮助下，打碎的花瓶变成了原来的样子，老师觉得它们又可以像以前一样插上美丽的花朵了，谢谢我们班的同学们。

师：这两个精美的花瓶都是古代劳动人民的智慧结晶，你们能说一说它们都有哪些特点吗？

生 1：左边的瓶子上面有人们在劳动的样子，还有一些动物。

师：对呀，我们的瓶子上可以描绘出人们生活和工作的场景，将这些劳动的场景画在花瓶上，也是一种装饰，很有特色。

生 2：右边的瓶子上有漂亮的花纹，还有很多的颜色，非常精美。

师：这个是明代的花瓶，上面有镂空的花纹和精美的图案，这种造型的瓶子体现出造型师的独特想法和智慧。

（师生共同交流两个瓶子的造型及特点。）

师：老师特别喜欢搜集各种不同的瓶子，我把喜欢的瓶子都拍成照片（见图 2），今天给我们班同学带过来了，我们一起来欣赏欣赏吧！说一说为什么喜欢它。

（通过多媒体欣赏各种瓶子：有长长的脖子的瓶子，有大肚皮的瓶子，有漂亮耳朵的瓶子等。）

生 1：我喜欢有长长的脖子的瓶子，因为它长得像长颈鹿一样，非常漂亮。

师：说不定我们的设计师就是根据长颈鹿的样子设计出来的呢。

生 2：长着翅膀的瓶子我最喜欢，感觉它可以飞起来一样。

图 2

师：老师也期待着它能像小鸟一样自由飞翔。

生 3：我最喜欢长得像葫芦的瓶子，因为它很特别。

师：说不定这里面还装着葫芦娃呢（师生一起笑）。

探讨瓶子的组成部分。

师：看了这么多的瓶子，一起来看一看瓶子由哪几部分组成的吧，瓶口、瓶颈、瓶肚、瓶底、瓶耳、瓶身等。

三、讨论分析，探究实践

游戏 2：比一比谁剪的瓶子最大

师：看了这么多形状各异的瓶子，你们有没有发现这些瓶子的外形有什么特点呢？

生：左边和右边长得一样、对称。

师：利用这个特点，你们能快速地剪出一个瓶子吗？

（学生进行讨论后得出剪瓶子的方法很多，但最快的还是对折后，剪半个瓶子。）

学生尝试自己在纸上剪一个最大的瓶子。老师把一些剪得过小的瓶子拿出来和大小合适的对比，问学生哪个好？

学生通过对比，了解到剪的瓶子不能过小，以免浪费材料。

师：我们把刚才剪的瓶子给美羊羊看看吧，美羊羊还是哭了，为什么呢？

（白板播放美羊羊哭了的图片，瓶子没有花纹，美羊羊觉得不漂亮。）

老师用展台示范怎样剪一个最大的瓶子：对折——从最上端到最下端画花瓶（注意：在不开口的一端画）——沿花瓶的外形剪下。

师：同学们觉得这个瓶子漂亮吗？

生：不漂亮，没有花纹。

师：对了，给花瓶加上美丽的花纹，给它穿上漂亮的花衣服，它会更开心。

四、欣赏评述，美化瓶子

游戏3：比一比谁加的花纹更漂亮

师：同学们已经能剪出各种瓶子的形状了，可这样的瓶子还不漂亮，怎样来打扮我们的瓶子呢？（请在白板上给空白的瓶子加上各种漂亮的花纹。）

请两个学生分别给瓶子加上花纹（见图3），其他学生评一评谁加的花纹更漂亮。

图3

欣赏学生的优秀习作，了解表现方法。

师：看了这么多漂亮的瓶子，想不想再来看看同学们做了什么样的瓶子呢？

（通过白板的图片选择游戏，让孩子们在不知不觉中欣赏作品。）

五、愉快表现，鼓励创新

师：下面的时间就交给大家，看谁能设计出既漂亮又与众不同的瓶子。

作业要求：（1）每人制作一个花瓶，画上你最喜欢的花纹，并涂上颜色。

（2）比一比谁画的花瓶最大最漂亮。

（鼓励学生大胆表现，创新设计，老师巡视指导。）

师：许同学的瓶子画得再大一点会更漂亮！朱同学的瓶子剪得非常大，再给瓶子穿上漂亮的花纹衣服，它会更美！

六、说说瓶子，展示评价

师：将星星奖励给你认为最漂亮的瓶子。

生：在白板上给喜欢的作品贴上星星。

（鼓励学生肯定自己和别人的作品。）

七、课堂延伸，拓展创新

师：在同学们的帮助下，美羊羊非常喜欢同学们的瓶子，为了感谢我们班的同学们，羊村让彩虹姑娘给我们送来了七彩的礼物。

（红橙黄绿青蓝紫七种颜色的礼物，让学生自己选择。不同颜色的礼物后面有不同的现代花瓶，随机翻开后，再来讲一讲瓶子的特点，在随意中拓展学生思维。）

【点评】

本课是小学美术一年级造型表现课程，教师利用多媒体白板的功能来完成本课教学，以游戏、互动、展示等方式与课件结合在一起，很好地融入课堂，巧妙地解决了课程的重难点，在这种互动的游戏中提高了学生对美术的兴趣，白板与课程实现了很好的互融，效果非常好。一、二年级的学生喜欢立体的艺术作品，他们也有能力完成简单的立体美术作品。"尝试各种工具、材料和制作过程"是美术学习的实践过程，是巩固学生所学知识，掌握美术技能，强化教学效果的重要途径。教师要激发儿童特有的想象力，使他们的艺术创造变得生动、有趣、夸张。在作业评价环节中，孩子们踊跃地给自己喜欢的作品添加星星，并能说出其他同学作品的优缺点，真正地做到了新课标里讲的"美术课堂还给学生，让学生成为整个课堂的主体"。在最后结束环节，教师设计了有趣的情节"羊村为了感谢大家，让彩虹姑娘送来了七彩的礼物"，教师运用了白板工具中的翻版功能，使得每一种颜色后面都有一种不同的现代造型各异的花瓶，这个环节很好地与开头相呼应，也给单调的拓展环节注入了新鲜的血液。谁都不知道颜色后面藏着什么样的礼物，学生可以通过选择自己喜欢的颜色来欣赏各种现代花瓶，有着很大的随意性，减少课堂的预设，使美术课堂更具魅力。

爱玩是孩子的天性，"玩中学""做中学"正是《漂亮的瓶子》这节课的特点，强烈的视觉冲击的动画导入，有亲和力的语言引导，贴近学生生活的表现题材，简单有趣的白板操作，都可以使原本"深入"的教学内容"浅出"，让学生在轻松愉悦、新奇的氛围中无拘无束地表现自己的想法，符合学生认知发展的规律。

（合肥市南门小学　　刘晶辉）

【案例 10】

《大眼睛》教学设计

合肥市六安路小学　　周姣姣

教材分析：

本课程属于湖南版小学美术第一册第四课，在本课的学习中教师要让学生自己观察、了解、分析人眼睛的形状、特征、色彩等一些知识，并且通过观看图片、讨论交流、表演体会感受眼睛所表达出的人的精神内涵，学会用"眼睛"来装饰和美化物品，体会美术和生活、自然的关系。

教学目标：

认知目标：通过观察了解人类眼睛的形状、特征、色彩、构造等一些知识。

技能目标：学会刻画眼睛的形状、色彩、特征及神态。

情感目标：通过欣赏音乐、观看图片、刻画、讨论交流感受眼睛所表达出的人的精神内涵和保护眼睛的意义。

教学重、难点：

（1）教学重点：本课重点是人的眼睛的形状、色彩、特征和神态的刻画。

（2）教学难点：本课的难点是对眼睛的不同状态的表现，眼睛情感意义的表达。

教学实录：

一、导入

师：都说一（1）班同学很聪明，今天老师想考一考大家，你们愿意吗？

生：愿意。

师：看一看，想一想，猜一猜（幻灯片播放），睁大我们的眼睛，请看：在一个漆黑的夜晚，马路上出现两束光，它离我们越来越近，越来越近，你知道这是什么物体发出来的吗（见图1）？

生：汽车。

生：眼睛。

师：同学们果然很聪明，那我们一起来揭晓谜底吧！看，它来了。你们认识它吗（见图2）？

图1

图2

生：QQ汽车。

师：对呀！它就是咱们安徽芜湖生产的奇瑞QQ汽车。刚才的那两束光是QQ汽车的哪个部位发出来的呢？

生：车灯。

师：你们看它的车灯又大又圆像什么？

生：眼睛。

二、揭示课题

师：活像两只大眼睛。今天我们就一起走进第4课《大眼睛》。眼睛啊，我们太熟悉了，今天老师想让大家做一做大眼睛，你们想参加吗？

生：想。

三、新授

师：为了让大家更好地完成任务，首先我们来认识我们的眼睛。

1. 认识眼睛

在生活中，你们有没有认真仔细地观察过我们的眼睛，它长得什么样？都有什么？同学之间相互观察观察，你们发现了什么？

2. 眼睛的结构

你们说，老师来拼。

生：眼珠。

生：眼球。

生：睫毛。

生：眉毛。

师：那还有什么呢？来我们一起眨眨眼睛感受一下，你们还发现了什么？

生：眼皮。

师：眼珠、眼睑（上下眼皮）、睫毛、眉毛、眼白（师拼出一只大眼睛，见图3）。

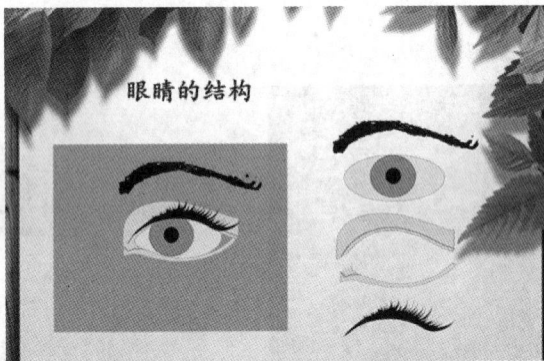

图 3

你们发现我们的眼睛像什么形状？

生：椭圆形。

师：除了椭圆形以外，充分发挥你们大胆的想想，眼睛还可以有什么形状？

生：圆形。

生：方形。

生：三角形。

生：菠萝形。

生：爱心形。

师：同学们的想象力果然很丰富。你们瞧！老师把你们想到的都做出来了！（师拿出做好的各种形状的眼睛，见图4）看这些眼睛除了形状不同外，你们还发现了什么？

生：这些眼睛所看的方向不同。

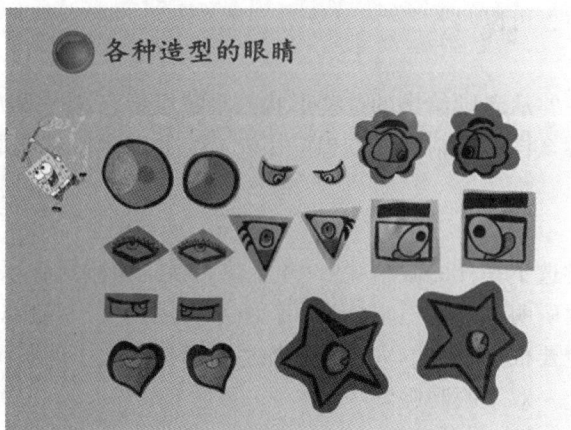

图 4

师：嗯！眼神不同。

生：表情不同。

师：很好，还有吗？

生：颜色不同。

师：你们看，这只眼睛它有什么不同？

生：它最大。

师：对呀，这些不同类型的眼睛有趣吗？

生：有趣。

师：其实在我们生活中也有一些有趣的眼睛。请看！
你们发现这些眼睛都在哪里呢？（通过图片欣赏有趣的生活用品）

生：在包包上、杯子上、衣服上、鞋子上。

师：这些就是设计师们给我们身边的物品设计的眼睛。受到设计师们的启发，老师也想给自己身边的物品设计一双大眼睛。可以吗？

生：可以

师：老师就给自己的包包设计一双大眼睛。谁来帮老师选一选用什么颜色的卡纸制作大眼睛好呢（准备一张蓝色的、一张粉色的卡纸出示）？

生：粉色的，因为老师的包包是蓝色的，不能用蓝色的卡纸，这样就会看不出来。

师：你说得真棒，就听你的。（师示范）老师的包包比较大，所以在画的时候相对要画大，接着给它涂上漂亮的颜色做装饰。这样我就可以剪了。剪的时候我没有沿着线剪，而是留出一点空间，我也不剪细节，把大致的轮廓剪出来就行了，因为这样我会剪得又快又好！然后给它贴上双面胶，我给它贴在我的包包上。怎么样？我的包包的大眼睛就做好了。瞧！它正看着你们呢。你们感受到了什么？

生：我感受到，它有了眼睛就能看见东西了。

生：我感受到，它有了生命。

师：说得真好，它活过来了，正在对你们笑呢。有眼睛的感觉真好啊！可是我的水杯它也想拥有一双大眼睛，可以吗？

生：可以。

师：谁来帮帮它呢？从老师给出的这些形状的眼睛里给它选一双大眼睛吧，并把它贴在水杯上。该给它选什么样的眼睛呢？谁想好了？（生上讲台挑选眼睛贴在水杯上）。看怎么样合适？

生：合适。

师：谁还来给它挑选不一样的眼睛呢？（生上讲台挑选眼睛贴在水杯上）

师：同学们真是太聪明了。知道水杯小，就给水杯挑选了一双相对小的眼睛。所以我们在选择眼睛时，一定要根据物品的大小来添加适合于物品大小的眼睛。现在你们想不想给自己身边的物品加上一双大眼睛呢？

生：想。

师：我们一起来看看书，看看书上的小朋友们都给身边的哪些物品添加了眼睛。

生：我看到给兔子加上了眼睛。

生：我看到给矿泉水瓶添加了眼睛。

生：我看到给垃圾桶添加了眼睛。

······

师：那你们想不想给身边的物品添加一双眼睛呢？想一想，给你身边的哪些物品添加眼睛。（一分钟思考一下，见图5）。

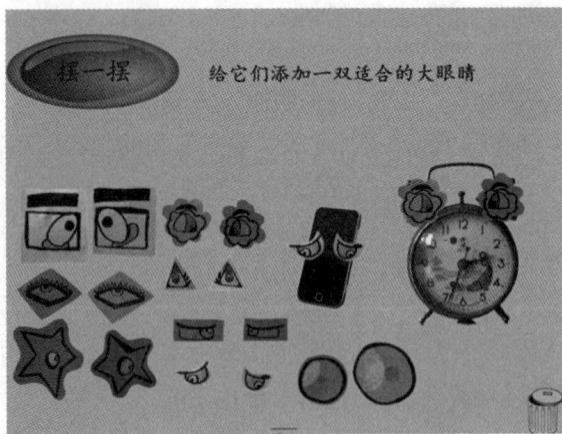

图5

生：我想给我的水彩笔加上眼睛。

生：我想给我的手套加上眼睛。

生：我想给我的书包加上眼睛。

······

四、布置作业

师：同学们的想法真好，那现在我们就把它们变成现实吧。试一试，为你们身边的物品设计制作一双大眼睛，装扮在你们的物品上。看谁的眼睛更生动、有趣。老师还为大家准备了其他造型的眼睛，并配上了音乐，看谁能在音乐停止前做得又快又好。现在，开始吧！

（生制作、师巡视指导）

师：看，你们觉得他制作的眼睛像什么？

生：功夫熊猫。

五、作品展示与点评

师：好，音乐停，时间到，你们做好了吗？

生：做好了。

师：谁愿意上来展示一下自己的作品呢？

生：我，我，我。

师：你知道怎样展示你的作品吗？请看老师示范，上来的同学拿着自己的作品背对着大家，等待老师喊口令，一、二、三转！转过来的时候摆着造型展示你的作品。会吗？

生：会。

（请同学上台展示）

师：准备好了吗？一、二、三转！同学们觉得怎么样？

生：好（掌声鼓励）。

师：你们瞧！他们的作品怎么样？你们最喜欢谁的作品？为什么？

生：我喜欢……因为他做得最大。

生：我喜欢……因为他的眼睛有笑容，我喜欢笑脸。

生：我喜欢……因为他的颜色最好看。

师：同学们评价得太好了，老师也喜欢他们的作品。你们瞧！他给自己的水笔做的眼睛，它的水笔很小，所以眼睛做得也很适合他水笔的大小，仔细看这双眼睛做得非常精致。老师觉得他表现得都很棒。现在我要为他们颁发最佳展示奖（给上台表演的同学发奖品）。

其实下面的同学的作品也很不错，你们看他做的功夫熊猫的眼睛，贴在书包上，很适合。你们看它的眼睛也很有趣。你们想不想把你们的作品也展示给老师看呢？

生：想。

师：听口令，一、二、三起立。哇！同学们你们都太棒了！每个人的作品都有自己的特色，都很符合自己所选的物品大小。现在，我们身边的物品都有了一双大眼睛，我们要不要告诉它们，好好爱护它们的这双大眼睛？

生：要。

六、拓展

师：眼睛对我们很重要哦，我们要不要保护好我们自己的眼睛呢？

生：要。

师：所以，在生活中我们要养成好的习惯，爱护我们的眼睛，保护好我们的眼睛。现在我们一起和老师做一做爱眼健康操，好吗？

　　生：好。

　　师：全体起立！准备好了吗？

　　生：准备好了。

　　师：音乐起（师生共做爱眼健康操）。

　　师：同学们做得真棒！好，今天的课就上到这里。下课！

【点评】

　　本课《大眼睛》是义务教育课程标准实验教科书美术学科（湖南版）第一册第4课的内容，属于"设计·应用"学习领域，让学生根据身边的物品设计和应用，注重培养学生的创新意识和设计能力。本课符合一年级学生的年龄特征，易于调动学生的学习兴趣。引导学生注意发现身边的日常生活用品所具有的特征，给它们加上一双大眼睛。在整个教学设计过程中，教师一直在考虑一年级的学生特征，他们好动，好奇心强，愿意动手，大胆想象，积极发言等。所以在导入时，以看、想、猜来发现问题，解决问题，使他们获得极大的信心。在提问时教师也以白话、儿话和简单的语言描述的方法和孩子们交流，想达到简单易懂的效果。在讲解知识的过程中以孩子们占主导地位去发现问题，并积极解决，实现学生积极参与，师生互助合作、学生示范的合作式学习。整个课堂紧紧围绕"简单""自由"去设计课程，把课程内容简单化，孩子易接受。在《大眼睛》课堂中，教师试图放手让孩子表演，老师引导，抛出问题，让学生自己解决问题。课程最后通过"爱眼健康操"的形式结束课程，这种美术与体育相结合的形式体现了多元化的教学手段。通过动一动让学生快乐起来，感受上课就是自由、轻松的，让美术课动起来。

（合肥市南门小学 刘晶辉）

【案例 11】

《手绘线条图像——会说话的图画》教学设计

霍邱县岔路镇中心学校　王宝

教材来源：

义务教育课程标准实验教科书：人美版·安美版：七年级上册。

教学思路：

本册课本的第二、三两课与七年级下册、八年级上册的手绘线条教学内容，形成了一个完整的、系统的知识体系，因此在设计教学方案时应整体考虑，打破课与课之间的界限，按照学生对知识的感知、理解、应用合理安排教学内容和练习方式，进行整体备课。

教材分析：

人们从幼年时期起对物象的认识往往就是从轮廓线开始的，而对物象的表达也是以轮廓线为主。本课以对线条图像认知和表达的重要性为起点，结合图片，从用途、功能等方面阐述手绘线条图像的特点，突出其在生活中的实用性，激发学生学习的兴趣。

以学习手绘线条为载体，加强对学生表达能力和想象能力的培养。课本中图片和文字的结合，有目的地引导学生关注对事物整体特征和主要特征的取舍，注重培养学生对事物整体认知的能力。图片的选用涉及多个行业，这样在训练学生手绘线条表达能力的同时又丰富了学生的认知面，生动地说明了手绘线条在生活中的广泛运用。图片的顺序及学生作业、练习的安排也是循序渐进、由简入繁的，这很好地体现了学生知识积累和能力发展的顺序性。

培养目标：

知识与技能：

（1）认识手绘线条在表达物象时的优点。提高学生的读图能力。

（2）培养学生运用手绘线条的控制能力，对表达对象主要特征和整体特征的把握能力。

过程与方法：

（1）在对物象特征的表达过程中，注重培养学生连贯性的思维。指导学生通过讨论、互助等方式找到适合自己的表达方法。

（2）提高学生将知识运用于实际生活，解决问题的能力。

情感态度价值观：

对物象进行表达时注重培养学生认真细致地观察事物的良好行为习惯，客观反映现实生活的科学态度，同时解决好发挥学生想象力培养创造性思维的问题。

教学重难点：

（1）如何把握表达物象的整体特征和主要特征。

（2）能够比较自由地运用手绘线条表达自己需要表达的内容。

教学准备：

学生分组练习的各种辅助材料（有香味的纸片、录音机、磁带等）。一些手绘线条的示范图。

教学过程：

一、引入阶段

教师设计情景游戏引入教学。

师：今天我们先来做一个游戏看看有没有同学能够在更短的时间内完成下面的表达任务。

游戏内容：当我们在语言、文字等交流方式都不通的情况下如何表达以下内容：我想喝一杯水、我想喝一杯牛奶、我想喝一杯热牛奶、我想喝一杯热的苹果味牛奶。

有的同学用肢体动作表达，前两个任务还比较容易完成速度也快，从第三个任务开始就显得勉强了而且表达也不够准确，同时用时也较长。另一些同学选择用绘画的形式。虽然前两个任务没有肢体动作表达得那么快速但更加准确，从第三个任务开始就明显比使用肢体动作表达的同学有优势，准确且时间短。

（教学说明：在这个游戏中学生可能会采用多种方法进行表达，但经过比较会发现最准确、有效的方法就是绘画，这里的绘画不要求精致，准确、生动就可以，学生通过这个游戏可以感受到学习手绘线条的优点。）

二、学习阶段

分析讨论：

通过上面的游戏，结合课本图例师生共同讨论以下问题：

师：学习手绘线条好吗？（重要性、意义）

找一名同学起来回答然后针对不足请另一名同学补充（书本上有现成的内容不需要太多人回答，这个问题的设置主要是引导学生认真仔细地研读课本内容）。

师：手绘线条有哪些功能、用途？

找一名同学起来回答然后针对不足请另一名同学补充（书本上有现成的内容不需要太多人回答，这个问题的设置主要是引导学生认真仔细地研读课本内容，并适当地进行归纳）。

师：手绘线条的优点？（是否使用方便）

找一名同学起来回答然后针对不足请另一名同学补充（书本上有现成的内容不需要太多人回答，这个问题的设置主要是引导学生认真仔细地研读课本内容，并适当进行归纳）。

师：在我们日常的学习、生活中什么时候使用过手绘线条？

找三到五名同学列举生活和学习中的实例，如体育课老师出示的广播操动作分解图、部分同学在书本或笔记本上随意勾画的图案等（发散学生的思维，呈现多种多样的手绘线条形式，可以稍多一些学生，尽量让学生多表达）。

师：手绘线条最主要的特征是什么？（见图1、图2）（教师适当地演示一下开始游戏中的最后一个任务）

图1

图2

学生通过观察教师的示范以及书本中的图片讨论手绘线条的主要特征：自由、突出重点、生动。（在这个问题的回答过程中教师要不断地有目的地引导学生关注手绘线条的表达方法，如线条的流畅自由、疏密粗细等基本技法对表达内容的影响。）

（教学说明：教师在这个环节中主要是引导学生，通过讨论、总结得出手绘线条图像表达的基本知识。教师可以一边和学生讨论一边在黑板上作简单的示范。在这个环节中教师要着重让学生体验感知手绘线条的基础知识尽可能地让更多的学生参与活动，包括互动问答和思考）

分组练习：

师：接下来我们用分组比赛的形式来验证刚才我们的学习效果。

将学生分为四组，每组分给不同的任务：（1）有香味的纸片；（2）不同的声音；（3）植物种子的发芽生长过程视频；（4）由某个办公室到某个班级的路线，各组比赛，看哪组能够更快、更准确地用手绘线条表达出各组的任务。

各组将画好的练习作业在黑板上展示出来，由其他组猜出该组表达的内容（见图3、图4）。

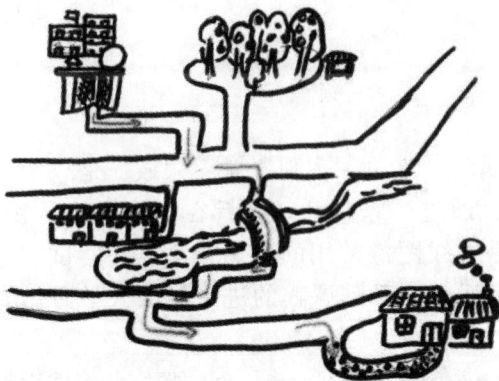

图3

图4

学生对展示出的作业进行自由的讨论、评价，评价后针对不足提出修改意见，可以从各种角度进行。提出修改意见的同学与被提出意见的同学共同对手绘线条图像进行修改后再次展示，并由其他同学继续评价。

对经过两次修改后仍存在明显基本技法生疏或归纳总结不够准确的作业，教师可进行第三次评价提出修改意见并修改示范（教师在这个过程中要时刻关注学生在完成作业时表现出的各种现象并有针对性地进行指导，同时这个环节教师要注重学生在手绘线条表达基本技法方面的练习指导即指导学生基本技能的学习）。

（教学说明：选择香味、声音等作为描绘对象，是希望通过这种方式调动起学生的各个器官协调运作。作业完成后的展示和互评可以让学生对手绘线条的运用更加熟悉，也更加喜爱，提高学习兴趣。教师在学生讨论的过程中注意引导学生思考：如何把握物象的主要特征、手绘线条的生动性等问题。）

三、综合练习

结合课本上的练习内容，让学生有选择地完成：基本形的联想；某一事物的发展变化过程等内容。提出绘画作文的概念，让学生充分发挥想象，自由表达（绘画作文的题目可以有：路；闪光点；飞；云端等）。

（教学说明：这个环节的安排主要是鼓励学生大胆、自由、生动地表达自己的想象，同时多种内容的设置适合不同学习水平的学生，可以让大多数的同学得到相应程度的提高。）

教学评价：

（1）学生在学习过程中是否能够认真思考老师提出的问题以及同学们对自己提出的建议和评价。

（2）对表达对象的特征能否比较准确地认知和把握。

（3）评价学生对手绘线条的运用能力以及学生在练习过程中表现出的思维活跃性和想象力。

（在对学生的学习进行评价时，从培养学生成长的三维目标出发，注重过程评价和结果评价等方面结合进行。教师评价的语言应以鼓励为主，注重对学生学习兴趣和学习方法的培养。）

【点评】

《手绘线条图像——会说话的图画》一课属于"造型·表现"学习领域，是《手绘线条图像》系列课程的第一课，该教学设计，通过一系列活动，旨在培养学生认识、了解手绘线条图像的意义、功能，初步了解手绘线图像常用的表达方法，并尝试利用手绘线条进行简单的交流，目标定位准确，为后来该系列课程的进一步深入学习做好了铺垫。

本课由学生尝试解决老师提出来的生活中的简单问题导入，再以问题探究的形式引导学生思考讨论有关手绘线条的知识，最后的作业练习以分组比赛的形式展开，作业评价环节，设计了作业展示、介绍和互评。从课堂导入到新课学习以及作业练习、评价整个学习活动，老师引导学生积极参与课堂学习活动，很好地体现了老师的主导作用和学生在课堂中的主体地位，很好地体现了新的课程理念。同时，该教学设计在课堂导入伊始，学生就在老师的引导下进行简单的表达，把提高学生的动手能力摆在了十分重要的位置，突出了美术课程的实践性。

该教学设计从导入设置的简单问题："如何表达我想喝一杯水、我想喝一杯牛奶、我想喝一杯热牛奶……"到对手绘线条图像的认识的探究所呈现的问题，再到学生分组练习的内容，始终和学生的生活紧密相连，既激发了学生的学习兴趣，又使学生充分认识到了美术在生活中的独特价值。

通览全课，教学活动设计十分符合学生的生活，如：让学生听听声音、闻闻香味等，主要引导学生探究一些简单的问题，没有过多地依赖现代媒体设备，充分调动学生思维，更符合农村一线的教学的实际，教风朴实、自然，具有很好的借鉴意义。

（合肥师范学院　马晴）

【案例 12】

《纸板的创想——纸浮雕》教学设计
霍邱县岔路镇中心学校　李娟

教材分析：

本课是人美版九年义务教育初中阶段美术课程，八年级上册第八课，属于"设计·应用"学习领域。

本课意在启发学生通过感受纸的特性，根据设计意图选择卷曲、切折等制作技法，合理使用工具，进行初步的设计并制作有立体艺术造型的纸浮雕作品，体验设计、制作的过程，发展学生在表现内容、表现技法、表现情趣等方面的想象力和创造力。

学情分析：

八年级学生已经掌握了基础的美术知识，具备一定的美术素养，在此前提下，本课引导学生运用适当的制作技法，创造出生动、有立体效果的纸浮雕作品，培养学生的想象力和创造力。

教学目标：

（1）知识与技能：认识纸浮雕的美感。掌握纸浮雕的基本成型方法，并能运用这些技法进行纸浮雕创作。

（2）方法与过程：对动物、风景、人物等各种形象进行形体概括，运用纸造型技法进行表现，创作有立体感、有生活情趣、有创意的纸浮雕作品。

（3）情感、态度和价值观：通过用纸作为媒材设计制作纸浮雕作品，感悟设计与生活、设计与应用、设计与创意的联系，激发学生的创造思维能力。

教学重难点：

重点：如何将一张平面的纸变为立体形态。

难点：纸浮雕的设计、制作。

教学程序设计：

一、创设情境

师：老师给同学们带来一幅绘画作品《小鹿》（见图 1），请大家看画面表现了哪些内容？

生：小鹿、花朵、花叶……

师：同学们观察得非常仔细，可老师对这幅作品不太满意，感觉画面效果是平的，不够生动。同学们帮老师想想办法，如何让《小鹿》作品生动起来呢？

生：可以把物体用纸制作然后在后面垫上东西，让小鹿、花朵立起来。

师：（表扬）你和老师真是心有灵犀。老师也想了一个相似的办法。经过加工之后，大家想看看新生的《小鹿》效果吗？（揭开绘画作品，出现纸浮雕作品，见图 2）

生：哇！好漂亮！（发出各种惊叹声）

师：老师使用了什么样的材料制作《小鹿》作品呢？有什么效果呢？

生：彩色卡纸制作。

生：作品有立体效果。

师：你们知道这种用厚纸制作、有立体效果的是什么作品吗？

学生有的摇头，有的思考。

师：这种形式的作品我们称为纸浮雕。今天让我们一起走进第 8 课《纸板的创想——纸浮雕》。

老师板书课题：纸板的创想——纸浮雕。

图 1

图 2

二、讲授新课

1. 纸浮雕的概念

师：我们一起了解什么是纸浮雕。

（课件呈现）纸浮雕——纸经过各种方法形成凹凸变化的立体艺术形象。

（老师强调：各种方法指的是哪些方法呢？这是同学们即将动脑思考的问题）

2. 纸浮雕的造型特点

师：请同学们比较真实的小鹿照片和老师的纸浮雕作品，观察画面中有哪些不同之处？

学生观察，思考。

生：颜色不同，小鹿、花朵、花叶、背景的颜色和照片上的都不相同。

生：纸浮雕中的小鹿只有半截身体，而照片中是完整的。

生：纸浮雕中的小鹿眼睛被夸大了，花朵也被夸张成大小不同的造型。

生：照片中的花叶很多很小，纸浮雕中的花叶被老师概括成了一些大花叶。

……

师：（表扬）大家的观察能力真的很强，语言表达能力也很棒。其实大家已经总结出纸浮雕的造型特点，即：概括、夸张（课件呈现内容）。

师：是不是只有《小鹿》作品具有这样的特点呢？其他的纸浮雕作品是不是也如此呢？请看这张作品（课件呈现另一张纸浮雕作品）。

学生观察并总结画面中也有概括、夸张的特点。

师：请大家再仔细观察作品中人物的头发（见图3），（找一位长发女生）和这位同学的头发有何不同呢？

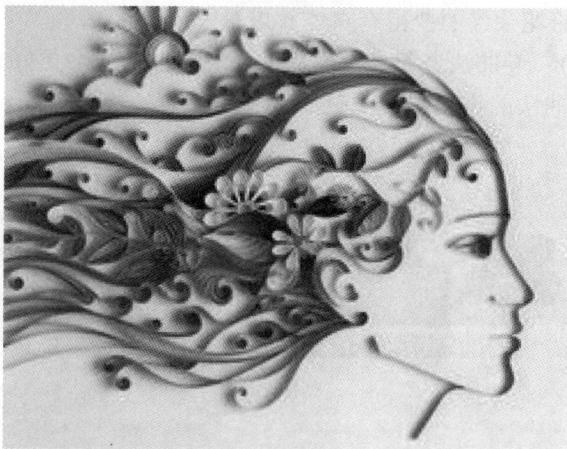

图3

学生观察、比较、回答。

生：颜色不同。

生：头发的效果不同。纸浮雕作品中头发是卷曲的效果，好像大海的波浪。

生：头发中还有花朵、树叶做装饰，头上还有一个太阳，整体看更像一幅美丽的装饰画。

师：同学们观察得很仔细，表达得很准确，也概括出纸浮雕作品造型的另一个特点——装饰性（课件呈现内容）。

3. 纸浮雕的表现内容

师：我们刚才欣赏了《小鹿》和以人物为主题的作品，除此之外，纸浮雕还可以表现哪些内容呢？

学生思考，回答的内容有：其他动物、花卉、建筑……

老师课件呈现图片供学生欣赏、了解纸浮雕的表现内容：人物、动物、花卉、建筑……

4. 纸浮雕的制作方法

师：刚才我们一起欣赏了这么多精彩的纸浮雕作品，想一想，它们是怎么制作出来的呢？

（课件呈现）问题：怎样让一张平面的纸产生立体效果？

老师在黑板上贴的白纸上画一幅《瓶花》线描图。

师：请同学们想想办法，如何让画面中的花朵、叶子、花瓶都有立体效果呢？

活动一:

老师给分好组的四组同学分别布置任务,在规定的时间内(三分钟)完成任务,并粘贴在黑板(绿色的底板)上。

学生分小组选择各色卡纸在规定的时间内制作花朵、花瓶、花叶并粘贴在底板上。

老师展示同学们贴好的的纸浮雕《瓶花》作品,分别请各组的同学代表介绍本组的制作方法。

一组代表:我们将花朵卷曲变得有立体效果。

老师(课件呈现):卷曲法,引导学生借助工具卷曲效果会更好。

(课件呈现):卷曲法的作品图片(见图4)

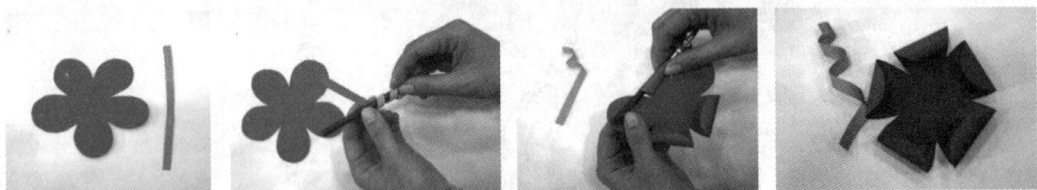

图4

三组代表:我们组运用折叠的方法制作了花叶。

师:你们是怎么折叠的呢?

学生动手示范直接用手折叠。

师:这种方式折的痕迹不美观,看看老师是如何做的(见图5)?

图5

(课件呈现)切折法,并讲解注意事项。

(课件呈现)切折法表现的作品。

四组代表:我们也是使用了折叠方法制作花瓶。

师:二组同学,你们这组的花朵是如何制作的呢?方法和其他组好像不同。

二组代表:我们将一朵花从中间剪开一道口,然后错开一点粘起来使花朵有立体效果。

师:这组同学确实很喜欢动脑筋,这种方法也是老师想介绍给大家的,它是围合法。

(课件呈现)围合法。

（课件展现）围合法作品（见图6）。

图6

师：四个小组表现都很棒，但作品整体上看有没有不当的地方呢？

学生可能会发现有色彩搭配、物体比例大小等问题，老师引导学生注意在制作过程中不仅要学会运用方法，还应考虑构思大小、色彩搭配等问题。

师：是不是在纸浮雕作品表现中只能使用某一种制作方法呢？

（课件再次展现《小鹿》作品）请大家找一找作品中使用的制作方法。

学生观察并说出作品各部分使用的方法，老师及时地用课件呈现（见图7）。

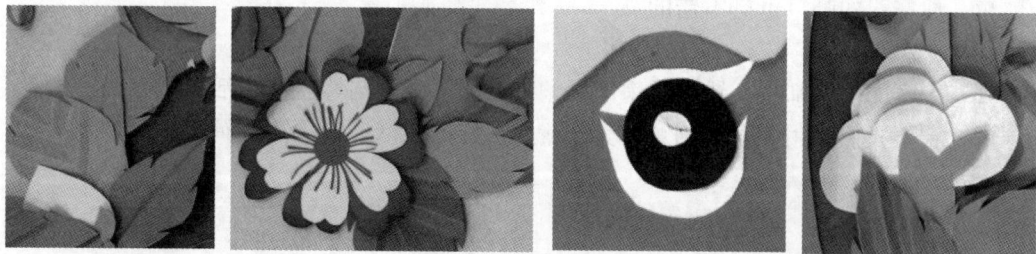

图7

5. 纸浮雕的制作步骤

师：请大家看黑板上贴的作品（一幅草图、一幅瓶花作品、一幅小鹿作品）谁能总结纸浮雕的制作步骤呢？

学生思考、尝试回答（老师课件呈现）：

（1）构思，画草图。

（2）不同技法分步训练。

（3）粘贴，整合。

师：刚才的瓶花作品大家的花卉造型都太局限了，其实花卉可以是千姿百态的。我们可以发挥丰富的想象力和创造力去表现生动的作品。

课件呈现以花为题的纸浮雕作品，学生欣赏作品并借鉴。

三、快乐体验

活动二：

师：我们欣赏了内容丰富的纸浮雕作品，并在短暂的三分钟内小试牛刀，大家想不想大显身手呢？

老师布置任务：

（1）每组拿回瓶花作品的各组成部分，由各组的 A 小组同学继续完成瓶花作品的制作。

（2）每组的 B 小组综合运用各种制作方法完成一幅纸浮雕作品的创作。

（3）时间：12 分钟。

每组学生分工合作，完成各自的任务，老师个别辅导。

四、作品展示

学生将制作好的纸浮雕作品展现在黑板上，各小组选代表介绍自己的作品。老师引导他们从构思、制作方法、创作意图等方面进行表述，使其懂得欣赏，学会表述，体验成功带来的成就感。

五、拓展延伸

老师再次将作品《小鹿》进行展示并提出问题：

这幅《小鹿》放在哪里比较适合呢？请同学们帮老师出谋划策。

生：放在家里的书房中。

生：放在我们的美术教室中。

生：放在我的卧室也挺不错的。

……

师：大家的主意都很不错，看来同学们都有丰富的生活经验。生活是美好的，创意是无限的，希望我们能用无限的创意去美化我们美好的生活，使之更加绚丽多彩。

【点评】

《义务教育美术课程标准（2011 年版）》在"设计·应用"学习领域课程的目标包括"感受各种材料的特性，根据设计意图选择媒材，合理使用工具与制作方法；进行初步的设计和制作活动，体验设计、制作的过程，发展创新意识和创造能力"。本课重点在于纸浮雕成型技巧，一张张的纸片经过剪切、卷曲、合围、粘贴等技法，设计制作出各种风格、形式的纸雕作品。彩纸造型简单、色彩鲜明，易于制作成型，不仅能激发学生的兴趣，还能使学生更加关注生活，热爱生活，培养了学生健康的审美心理和综合思维能力。

本教学设计有两个亮点。一方面，教师除了在纸雕作品制作中展示了常见折、剪、插、粘、卷等技法外，还引导学生学习了卷曲法、切折法、围合法这些新颖的技法，既增加了学生的学习兴趣，又丰富了纸雕塑的造型手段。在进行技法学习时，避免灌输式的讲解和介绍，通过教师示范与学生参与的恰当结合，让学生在教师的层层启发和引导下自己归纳、总结出用纸板制作纸雕塑的步骤，体现学生学习的主动意识。另一方面，教师采用分组设计、分别完成的方式实现纸雕塑的课堂练习，让学生去启发学生，既有小组分工，又有小组合作。在学生合作、交流、探究学习后，让不同小组展示不同纸雕技法，又利用"快乐体验"引导小组合作，完成最终的作品。分组教学能让各学习小组分工合作、各显其能。学生通过小组合作，各人用自己擅长的方法共同完成一幅作品，让作品凝聚每个人的聪明智慧。最后将作品进行分组展示、讲评，将课堂真正还给学生。

整个教学设计充满了生生交流、师生交流的互动环节，课堂气氛活跃，学生知识巩固到位，培养了学生的动手、动脑、合作交流、自主探究学习的能力，增强了学生用装饰美化生活环境的意识，使学生感悟设计与生活的关系。

（合肥师范学院　马晴）

【案例 13】
《特色街区——外滩金融特色街》教学设计
上海市国和中学　高巧银

教学课题：第一单元 感受都市风貌 第 2 课 街区剪影

（第一课时）特色街区——上海外滩金融特色街。

采用教材：

上海教育出版社《美术》九年级第一学期（试用本）。

教学年级：九年级（初中三年级）。

教学目标：

（1）知识与技能：通过教学，让学生知道特色街区的形成和由来，了解上海的特色街区，熟悉上海外滩金融特色街的构成、建筑和发展。

（2）过程与方法：通过教学，在师生互动中，让学生从美术的角度去了解建筑艺术和现代城市发展的生态型和园林化的趋势。

（3）情感、态度与价值观：通过教学，让学生知晓上海外滩过去的历史和未来的发展，感受我们上海经济快速发展的成功和喜悦，同时进行德育渗透。

教学思路：

本课时是陈述式教学，拟采用互动式和启发式教学，在承接上一课时的内容的同时，展开新内容的教学，将学习的内容进一步扩大。学生是课堂的主角，充分发挥他们的主动性，让他们有预习，让他们在课堂中多说，让他们相互补充说。教学中，让他们在叙说中对上海外滩了解更多、知道更多，而且有新的知识内容的充实，让他们在学习本课之后，对上海的外滩有新的感觉，并为自己是上海人感到自豪。

重点难点：

（1）教学重点：上海外滩金融街的构成及其建筑艺术的门类和特点。

（2）教学难点：上海外滩金融街的生态型、园林化的发展趋势。

教学准备：

多媒体课件。

教学过程：

一、导入新课（5 分钟）

（设计意图：这一课的教学，正值国庆节之后。可以结合学生与家长在节日期间外出观灯和购物的情景，对特色街区形成初步的印象。教学中可以采用教师与学生对话的形式进行，也可以让学生之间相互进行补充，扩充和完善特色街的概念。）

师：节假日你们都会去什么地方（比如国庆）？

生：到外滩、南京路、七浦路等。

师：这些地方各有什么特点？请思考。

（展示有关外滩建筑景观灯和南京路霓虹灯的夜景图片，见图1和图2。）

图1　　　　　　　　　　　　　　　　图2

师：在我们前一课讲到的现代城市里，这些街区已经形成了自己的功能特色。你们能说说这些街区在各自的建筑使用功能上逐渐形成了自己怎样的特色吗？

生：外滩是以金融为主的特色街、南京路是以商业购物为主的步行街。

师：对。你们还能说说上海还有哪些具有特色的街区吗？

生：多伦路文化名人街。

（以上答案是参考了教科书的。）

生：云南南路美食街。

生：福州路文化街。

生：豫园的黄金珠宝街。

生：七浦路服装批发街。

生：黄河路和乍浦路的餐饮街。

生：吴江路小吃街。

师：对。还有东台路古玩街、文庙的书市等。

今天，我们围绕外滩金融街进行学习了解。

二、新课讲解（32分钟）

1. 外滩金融街（5分钟）

（设计意图：学生对金融的概念往往只是停留在银行上，所以教师就应从银行导入，逐渐扩大对金融的概念，让学生了解更多、知道更多的金融机构，作为知识的补充。这一部分，完全可以让学生多说说，让他们成为课堂的主角。）

（展示外滩建筑图片和外滩金融街的字幕，见图3。）

图3

师：为什么我们把外滩称为金融街？

生：因为外滩有许多银行。

师：对的，有许多银行，还有金融交易中心、保险公司等。你们了解和知道外滩有哪些银行或金融机构吗？

（同时展示银行标志标牌，见图4至图7。）

　　图4　　　　　　　　　图5　　　　　　　　　图6　　　　　　图7

生：有中国光大银行、中国农业银行、中国工商银行、中国银行、荷兰银行、美国花旗银行、中信银行、美国友邦保险公司、招商银行、中国外汇交易中心、中国黄金交易中心、日本东亚银行、上海银行、上海浦东发展银行、泰国盘古银行、华夏银行等。

师：除了上述这些银行之外，还有哪些我国的银行没有列入？

生：中国建设银行、中国交通银行等。

师：因为外滩有这么多银行、金融交易机构、保险公司等，所以就把外滩称为“金融街”了。所谓金融，顾名思义就是跟资金有关系的一切经济活动的综合，也可认为就是资金融通的一切活动的综合。

2. 远东华尔街（3分钟）

（设计意图：这一部分，是对"纽约华尔街"的了解，是对地理学科内容的跨学科联系，也是对"外滩金融街"的补充教学。只要求略微讲一下就可以了，不作重点讲解，也可略去以下的部分内容进行讲解。）

师：外滩有很多金融机构，所以被称为"金融街"。这条金融街还有一个别称，你们知道叫什么吗？

生：叫"远东华尔街"。

师：那为什么称为"远东华尔街"呢？

生：美国纽约华尔街是世界上著名的一条金融街，而我们外滩的金融街则是东方重要的一条金融街，所以被誉称为"远东华尔街"。

（展示美国纽约华尔街的铜牛塑像图片。）

师：华尔街（wall street）是纽约市曼哈顿区南部一条大街的名字，长不超过一英里，宽仅11米。它是美国一些主要金融机构的所在地。

首任总统华盛顿就是在这里宣誓就职的，如今纽约联邦大厅国家纪念堂前耸立着华盛顿像以纪念此事。不过华尔街作为政治中心只是短暂的一瞬，而作为金融中心却一直辉煌夺目，经久不衰。

华尔街两旁很早就已是摩天大楼竖立，街道如同峡谷，抬头只能望见"一线天"。数不清的大银行、信托公司、保险公司和交易所在这里。华尔街设有纽约证券交易所、美国证券交易所、投资银行、政府和市办的证券交易商、信托公司、联邦储备银行、各公用事业和保险公司的总部以及棉花、咖啡、糖、可可等商品交易所。华尔街已是金融和投资高度集中的象征。

上海的外滩同样集中了很多金融机构，也是亚洲的金融中心，所以被称为"远东华尔街"。

3. 万国建筑博览群（9分钟）

（设计意图：这一部分是教学的重点。要从美术的角度去讲解建筑的艺术和特点，让学生在学习中知道更多的建筑形式和建筑风格，如哥特式建筑、巴洛克建筑等，对外滩的建筑风格也能了解一些，知道一些。以前的地理课也曾讲过这个内容，要有区分，它是从地理的角度来讲解的，美术课是从建筑艺术的角度去讲解的。）

师：你们是否知道外滩还有一个别称，是在地理课上讲到过的，是什么？

生：万国建筑博览群。

（展示外滩部分建筑群的图片，见图8至图10。）

师：你们是否认识其中的建筑？

生：中国银行、和平饭店、海关大楼和原市政府办公楼等。

师：为什么称外滩的建筑为"万国建筑博览群"？

生：因为外滩有各国的建筑。

师：正因为这些建筑集中了各国及不同时期的建筑风格，有哥特式建筑、巴洛克建筑、古罗马建筑和古典风格建筑、文艺复兴风格建筑、希腊风格建筑等，所以这些建筑被誉为"万国建筑博览群"。

　　图8　　　　　　　　　　　图9　　　　　　　　　　图10

（复习，提问。）

哥特式建筑：

哥特式建筑是11世纪下半叶起源于法国，13—15世纪流行于欧洲的一种建筑风格。主要见于天主教堂，也影响到世俗建筑。哥特式建筑以其高超的技术和艺术成就，在建筑史上占有重要地位。

哥特式教堂的结构体系由石头的骨架券和飞扶壁组成。其基本单元是在一个正方形或矩形平面四角的柱子上做双圆心骨架尖券，四边和对角线上各一道，屋面石板架在券上，形成拱顶。

巴洛克建筑：

巴洛克建筑是17—18世纪在意大利文艺复兴基础上发展起来的一种建筑和装饰风格。其特点是外形自由，追求动态，喜好富丽的装饰和雕刻、强烈的色彩，常用穿插的曲面和椭圆形空间。

巴洛克一词的原意是奇异古怪，古典主义者用它来称呼这种被认为是离经叛道的建筑风格。这种风格在反对僵化的古典形式，追求自由奔放的格调和表达世俗情趣等方面起了重要作用，对城市广场、园林艺术以至文学艺术部门都产生了影响，一度在欧洲广泛流行。

古罗马建筑：

公元1—3世纪是古罗马建筑的极盛时期，它达到西方古代建筑的高峰。古罗马建筑能满足各种复杂的功能要求，主要依靠水平很高的拱券结构，获得宽阔的内部空间。

古罗马建筑的类型很多。有罗马万神庙、维纳斯和罗马庙以及巴尔贝克太阳神庙等宗教建筑，也有皇宫、剧场、角斗场、浴场以及广场和巴西利卡（长方形会堂）等公共建筑。

部分大楼资料介绍：

亚细亚大楼，被誉为"外滩第一楼"，建成于1906年，原名麦克波恩大楼。底段与上段均为巴洛克式造型。

东洋伦敦——东风饭店，"东洋伦敦"是现东风饭店的别称，建于1910年，属于文艺复兴风格建筑。

有利大楼，中山东一路4号，现为新加坡佳通私人投资有限公司所在地。原名联合大楼，为美国有利银行所有，故称有利银行大楼。大楼于1916年建成，楼高7层，整体仿效文艺复兴建筑风格。

东西合璧的日清大楼，将日本近代西洋建筑与古典建筑风格相糅合的日清大楼，被人们称为"日犹式"。

中国通商银行大楼，中山东一路6号，1897年，中国人自筹资金开设了第一家银行——中国通商银行，现今则是香港侨福国际企业有限公司所在地。该楼是一幢假四层的哥特式建筑。

上海浦东发展银行大楼（原上海市人民政府大楼、汇丰银行大楼）中山东一路10-12号，属新希腊建筑。

上海海关大楼，汇丰银行的"姐妹楼"，建于1927年，雄伟挺拔，与雍容典雅的汇丰银行齐肩并列，相得益彰。建筑造型属新古典派希腊式，上段的钟楼则为哥特式。

交通银行大楼，中山东一路14号，建于1940年，占地1908平方米，建筑面积为10088平方米。属近现代主义风格。

台湾银行大楼，现今招商银行上海分行所在地。该楼兴建于1924年，占地904平方米。整体上属于日本近代西洋建筑风格。

和平饭店北楼（原沙逊大厦），被誉为"远东第一楼"。大楼具有美国芝加哥学派建筑风格。

中国银行大楼，外滩的建筑素以欧洲风格见长，而中国银行大楼是为数不多的具有中国民族特色的建筑之一。

怡和洋行大楼，位于中山东一路27号，是一座文艺复兴风格的建筑。

英国领事馆，建于1873年，楼高二层，近似文艺复兴式建筑风格。

外滩还在建造更多的高楼，以迎接更多的各国金融机构进入外滩金融街。

（展示建设的图片。）

4. 建筑、雕塑、绿化、喷泉（3分钟）

（设计意图：这一部分，主要是结合前一课已讲过的课程内容，给予上下联系和补充。使原有的知识在这里得到进一步的巩固，即突出现代城市的生态型和园林化的发展趋势。）

师：外滩正朝着现代都市发展趋势完善。现代都市的发展趋势是什么？

生：生态型和园林化。

（出现字幕：建筑、雕塑、绿化、喷泉。）

师：建筑已经讲过了。外滩的雕塑有哪些？

生：陈毅铜像、人民英雄纪念塔、浮雕"风"与"帆"。

师：这些建筑、雕塑和绿化、音乐喷泉组成了外滩的风景线，符合园林化的要求，现代化的城市更吸引了众多的市民和游客。

（展现绿化、雕塑的图片，见图11和图12。）

5. 外滩的过去（8分钟）

图 11

图 12

（设计意图：说说现在，讲讲过去，让学生知道上海的过去。这也是一次民族教育、国情教育。抓住这个机会，对学生进行爱国主义教育，进行德育渗透。知道外滩的来历，知道外白渡桥的来源，知道"华人与狗"的故事。与历史课的乡土教材结合进行教育。）

师：外滩也有近乎悲惨的过去，现在我们看到的繁华的外滩风貌，其实也有很沧桑的历史，让我们回忆一下历史，以后可以用更发展的目光去欣赏现在的美景。近代史上，西方列强瓜分中国是从上海外滩开始的。此后的百余年间，外滩被称为"西方冒险家的乐园"。

师：你知道为什么叫"外滩"吗？

师：1846 年，英国领事巴富尔"租"下了一块黄浦滩地，搭建住宅、商号给他的同胞使用。上海人称此处为"外国滩"，"外滩"由此得名。

师："华人与狗"的故事你们应该知道的。

生：黄浦公园建于 1868 年，是中国历史上第一座现代城市公园。它当时仅向外国人开放。门口挂有"华人与狗不得入内"的招牌。

师：谁还知道中国银行大楼和和平饭店北楼（沙逊大厦）的故事？请讲给大家听听。

生：1928 年英国人派克跑马赢了大钱，在外滩南京路口（最早叫派克弄）建造了沙逊大厦。几位中国银行家也集资建造中国银行大楼，由于外国势力的压制，不容许它超过沙逊大厦的高度。所以也成了中国人屈辱的故事。最后我们中国人在中国银行大楼顶上竖起一根高高的旗杆，使中国银行大楼超过沙逊大厦成为第一高度。

这些建筑汇集起来才有了今天的外滩，我们才得以有了今天的金融街，我们不能忘记历史，在了解历史的基础上，要为未来国家的发展添砖加瓦。

6. 外滩的新发展（4 分钟）

（设计意图：这一部分主要告诉学生，发展是方向，发展是主流，发展是全面的，让学生感受到上海迅速发展的速度，增强上海人和中国人的自豪感。）

师：现在的新外滩，正在全方位地发展。以金融为主，发展交通、观光旅游、休闲等形式。谈谈你们看到或听到的上海外滩的新变化。

生：发展以外白渡桥到南浦大桥全长为 4 公里的金融长街。

生：建造吴淞路闸桥和南浦大桥，以利交通的便捷和快速。

生：建造延安东路高架道路，以利东西交通。

生：开掘观光隧道，增加旅游项目和便利浦江两岸游客。

生：安装建筑景观灯，增加建筑夜景特色和留影背景。

生：开设浦江游览，增添游览项目和吸引游客。

生：创建陆家嘴金融贸易区，扩大金融区的规模和范围。

三、教学小结（2 分钟）

21 世纪以来由于建筑技术的发展和经济实力的增长，外滩更是由于历史掌故丰富，建筑形态各异，旅游设施完备，令人流连忘返。集合了英国古典式、法国古典式、法国大住宅式、哥特式、巴洛克式、近代西方式、东印度式、折中主义式、中西掺和式的"万国建筑博览"园，无论是极目远眺或是徜徉其间，都能感受到一种刚健、雄浑、雍容，华贵的气势。外滩大楼与现代灯光艺术结合后，浦江夜游更是别有一番情趣。

外滩以金融为特色，依靠外滩的地理，发展园林化，开拓旅游观光和休闲，又以建筑为景观，外滩已经成为上海的形象标志。

四、课后思考（1 分钟）

回家以后，请学生结合今天的课程内容，简单了解一下"南京路特色街"和"多伦路文化名人街"的背景知识和概况。

【点评】

上海市中小学自 2002 年起试行艺术课程，2007 年起全面推广。中学艺术课程是在美术、音乐分科课程的基础上，为帮助学生丰富艺术审美经验、提升人文素养、开发多元智能、激发创造思维、增强爱国主义精神、完善人格品质而构建的一门具有综合性质的基础课程。这种综合并不是简单地将音乐、美术、舞蹈、戏剧、电影、建筑等内容拼贴、叠加在一起，而是根据各门类艺术课程内容的内在相关性以及审美价值的内在关联性，将各门艺术课程内容综合在一起进行设计，使各门类艺术之间、艺术与相关文理科课程之间、艺术与自然、社会之间形成整合关系，帮助学生了解艺术的完整图景，进行综合性的审美体验，初步形成整体性的文化艺术观念。所以，这类课程设计十分注重贯通各个艺术门类，同时渗透社会、哲学、人文、自然等不同领域。虽然全国很多地区并没有开设"艺术"课程，而是单纯的美术课和音乐课，但是上海市这种具有前卫精神的综合性艺术课是很值得借鉴和学习的，也为"综合·探索"学习领域的教学设计提供了有益的参照。

高老师这一课就是结合上海独特的人文历史和世界金融中心的背景，让学生通过熟悉上海外滩高楼了解金融特色街的构成、建筑和发展，引导他们从美术的角度去了解建筑艺术和现代城市共同的成长和演变历程。通过本课的学习让学生知晓上海外滩过去的历史和当代的发展，感受上海经济快速增长的成功和喜悦，使学生对外滩金融街有新的认知和感觉。学生的情绪会随着教师的逐步引导时而感叹、时而激愤、时而自豪。当学生再次来到外滩时，就会知道"看什么"、"怎么看"，"知其然，又知其所以然"，这节课的意义和价值也就在于此。

（合肥师范学院　马晴）

【案例14】
《对客观世界的主观表达——走近意象艺术》教学设计
安徽省颍上县第一中学　王颖
（2010年安徽省美术优质课比赛高中组一等奖）

教材分析：高中美术系列模块之《美术鉴赏》。

版本：人美版普通高中课程标准试验教科书。

课时：1课时。

内容结构：

第一部分：为什么有的美术作品形象怪异？

这是从意象艺术的一个极端方面来解释意象艺术的。指出意象艺术主要是与艺术家对现实的感觉以及他们的个人情感、观念和意识的表现密切相关的。因此，艺术家的感觉和所要表达的意图越独特、强烈，所产生的艺术形式可能就越"怪异"。

第二部分：如何理解意象艺术？

这是本课的关键，也是学生学习如何鉴赏意象艺术的入门处。意象艺术作品传递出的不是艺术家"眼"中之"象"，而是"意"中之"象"，即"意象"。一个是艺术家按照"我"感觉到的样子来表现世界；另一个是艺术家按照"我想"表现的意图来表现世界，为此，艺术家就要调动一切手段来表达这种感觉和意图，而不管是否与我们眼前的现实一致，从而产生艺术形象上的怪异性。

学情分析：

（1）现在的学生仍然没有很好的美术基础知识。

（2）有了前面几课的学习，学生对美术鉴赏课已经产生了兴趣，而且能较为主动地进行探索和学习。

教学目标：

（1）知识与技能：通过本课教学，使学生认识意象艺术是美术作品常用的表现形式之一。

（2）过程与方法：让学生对意象艺术有所认识，并能理解意象艺术在美术作品中更倾向于艺术家内心的真实。

（3）情感态度与价值观：通过欣赏中外意象美术作品，可以激发学生的爱国热情，增强学生的民族自豪感。

教学重点与难点：

教学重点：如何理解意象艺术。

教学难点：理解意象艺术的创作构思以及意象艺术和艺术家个人主观意识的整合。

教学方法和教学模式：

教学方法：以引导点拨、讲授、体验法为主，利用多媒体课件，通过讲解分析、聆听实践等手段进行教学。

教学模式：情景引入——感受分析——语言叙述——评价交流。

教具与学具准备：

教具：多媒体课件，学生实践活动的图片及工具材料。

学具：《美术鉴赏》课本、多媒体课件。

教学过程：

一、导入（启发式）

欣赏与提问（情景引入）。

（播放一段有关意象艺术的视频。）

师：你们觉得刚才欣赏的这段视频表现了什么内容？其中有没有出现你们所熟悉的事物？

（多媒体展示：《记忆的永恒》，见图1。）

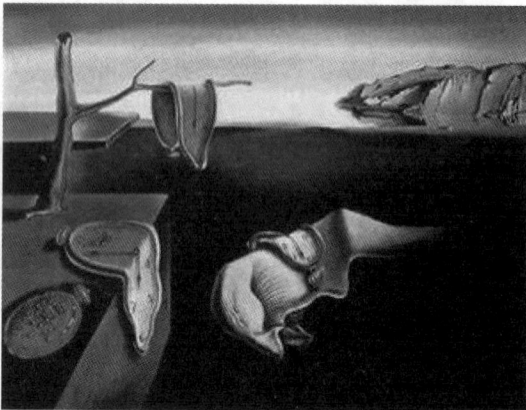

图1

学生欣赏讨论并说出自己的看法；回忆并说出看到的（梵高自画像、记忆的永恒等）

老师板书课题：对客观世界的主观表达——走近意象艺术。

二、体会新知

从学生的答案中总结出意象的含义并板书"意象的含义"。

多媒体展示：意象的含义，老师板书"如何理解意象艺术"。

多媒体展示：朱耷作品一组，老师要求学生仔细观察，发现其有什么共同点和特别之处，再引出书中的《鹌鹑图》（见图2）。

学生欣赏讨论、并作出回答（鸟的眼睛很奇怪）。

师：为什么朱耷作品中的鸟类和兽类都是一副翻白眼的样子？八大的题字像什么？

（哭之、笑之）

学生讨论"为什么鹌鹑的眼睛会是这个样子"并说出自己的看法。

老师用讲故事的语调介绍朱耷，引导学生体会作品中作者的思想感情。

学生仔细聆听并体会。

多媒体展示：徐渭的作品《墨葡萄图轴》（见图3）

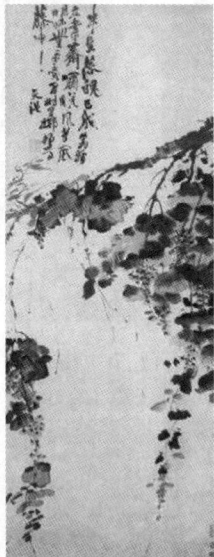

图2　　　　　　　　　　　　　　　图3

学生欣赏，老师介绍徐渭。

学生仔细聆听关于徐渭的介绍。

师：画中的题诗表达了画家怎样的思想感情？

学生仔细体会并说出诗中体现了画家怎样的思想情感。

师：诗中画家把自己比作"明珠"，但却被"闲抛闲掷野藤中"！充分表达了其怀才不遇的一种郁闷心情！这也是中国古代花鸟画"借物抒情、托物言志"的审美特点。

学生仔细聆听老师的归纳。

多媒体展示：蒙克作品《呐喊》（见图4）。

（让学生感受画面所传达出的情绪。）

学生欣赏、思考讨论并说出自己的感受（恐怖、压抑等），老师引入蒙克的不幸遭遇，结合蒙克的其他作品，让学生再一次体会画家的思想感情、画家的情绪对其作品的影响。

学生仔细聆听并思考回答。

师：应从两个方面理解意象艺术：一个是艺术家按照"我"感觉到的样子表现世界；另一个是按照艺术家的主观意图"我想"来表现世界。为此，艺术家就要调动一切手段来表达这种感觉和意图，而不管是否与我们眼前的现实一致，从而产生艺术形象上的怪异性。

图 4

三、提问与反馈

多媒体展示：（见图 5、图 6。）

图 5

图 6

选择题：下面四个选项中对意象艺术的理解不正确的是（　　　）

A. 《无名女郎》表现的是画家"眼"中之象，而《马蒂斯夫人像》表现的是画家"意"中之象

B. 《马蒂斯夫人像》是由艺术家主观情感、想象和表现意图所呈现出来的形象

C. 《无名女郎》比《马蒂斯夫人像》更真实地表现了艺术家内心的情感，更具有表现力和视觉冲击力

D. 马蒂斯并不是想通过绘画表现马蒂斯夫人，而是借助马蒂斯夫人这一形象表达自己的艺术观点和主张

学生思考并回答问题。

四、理解与探究

老师板书"意象艺术的特征"。

多媒体展示：意象艺术的特征　A. 虚拟性　B. 想象性　C. 情感性　D. 感性

学生思考并体会。

五、想象与创作

师：如果你们都是伟大的艺术家，要你们把下面这些不属于意象艺术的作品，通过自己的想象变成意象美术作品，你们会怎么改变呢？

多媒体展示：被大师改编后的作品。

学生观看，创作，老师指导并让学生展示自己的作品和说出自己的创造构思。学生展示作品并说出创作构思。

六、理解与探究

老师板书"什么是意象艺术"。

多媒体展示选择题，以选择题的方式总结出意象艺术。

学生看题思考并作出回答。

师：意象艺术是指艺术家不以纯客观再现为目的，而是重在表现艺术家主观的精神世界，其中包括艺术家的感受、情感、观念和审美理想等的一种艺术形式。

学生仔细聆听老师的归纳。

七、延伸拓展

师：希望同学们课下继续完善作品，并将优秀作品在班里搞一次小型作品展。

学生课后收集资料，继续完善自己的创作。

【点评】

意象艺术相对于具象艺术来说，鉴赏起来有点难度，因为意象艺术更加注重艺术家主观情感的表达，与现实相差较大，导致许多学生难以接受且不能理解。王颖老师的课程教学经过精心设计，以中国和西方意象艺术最具代表性的作品，让学生很直观的体验和理解美术作品中的意象概念。特别是利用同样具有表意功能的古诗帮助学生理解艺术作品，结合语文中古诗的意象表达自然过渡到对美术作品中的意象的理解，把一节纯粹鉴赏型的课变成比较生动的互动型的课程，改变了以往鉴赏课理论性较强，专业术语太多而导致学生难以理解和接受的状况。整篇教学设计重点非常突出，化繁为简，根据教材内容增加的学生体验环节，活跃了课堂气氛，激发了学生的学习兴趣。同时，王颖老师也利用中国绘画和西方绘画中不同的意象表达形式，在对比中让学生感受到意象作品中艺术家的"主观性"。另外，教学课件采用了图片与视频结合的方式，从导入到讲授新课逐步向学生展开意象艺术，环环相扣，由浅入深地分析了意象艺术，教学方法灵活多变，充分体现了"强调学生的主体地位"的新课改理念。

（合肥师范学院　　马晴）

【案例 15】

《美的旅程——雕塑维纳斯及其形式美》教学设计

安徽省淮南第一中学　杨兆永

教学目标：

（1）情感目标：在教学活动中提高审美能力，培养审美兴趣。

（2）认知目标：引导学生欣赏雕塑的形式美。

（3）技能目标：培养创意表达、绘画实践的能力。

（4）过程与方法：鉴赏—比较—体验—图解—理解—实践。

教学重点：对雕塑形式美的分析与理解。

教学难点：如何"挪用"经典进行创意表达。

教学过程：

让我们乘坐艺术大巴，开启一段美的旅程。

第一站：调查、认知

（主题）初识维纳斯

（环节）新课导入

图 1　古希腊雕塑《维纳斯》

（过程）

1. 关于维纳斯美不美的调查

教师展示维纳斯的图片（见图 1）并提出问题，"维纳斯美不美?"，认为美和不美的同学分别举手，并说说为什么这样认为。

课堂实录：

学生一：我认为维纳斯是美的，因为她姿态优雅，相貌端庄，身材也非常好。

学生二：我认为维纳斯不美，因为她残缺不全，而且是裸体的。

教师从艺术美和生活美的角度进行总结，认为美的同学可能是从艺术的角度，认为不美的可能是从生活的角度。

教师不对学生的观点进行对或不对的定性评价，而是就势引出艺术美与生活美的关系，使学生明白艺术美并不能完全等同于生活美。

2. 关于维纳斯

引导学生说一说维纳斯是一个什么样的人，关于她有哪些故事。

只有了解了维纳斯才能更好地理解这件作品。维纳斯是古希腊神话中爱与美的女神，她生于海中，以美丽著称，有美的身段和样貌，有关她的传说很多。

3. 为什么维纳斯是裸体的

同学们还会对维纳斯这一半裸体的形象产生兴趣，需要教师引导学生理解中西方文化的差异。中国传统美术把神韵气势、意境作为艺术的最高标准，追求"心性"的实现；而西方人则视人体为纯洁、真诚、美的化身，表现维纳斯自然会用裸体的方式。

第二站：感知、体验

（主题）维纳斯的形式美

（环节）新课学习

（过程）

1. 模仿体验维纳斯的站姿

教师介绍"歇站式"是一种放松、和谐、自然的站立姿势。带领全体同学模仿维纳斯的姿势与动作，用自己的身体进行体验。

2. 图解分析雕塑的形式美

教师现场画出维纳斯的轮廓草图（见图 2），进行形式美的分析。着重强调松、紧、曲、直的变化以及节奏与韵律。

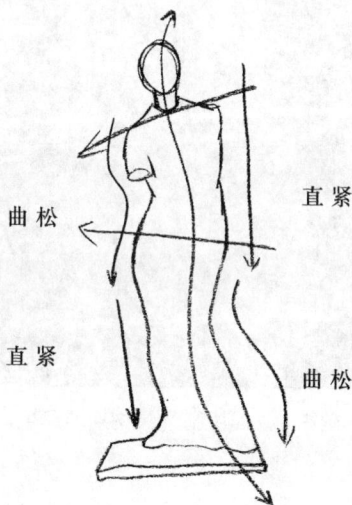

图 2　维纳斯的轮廓曲线图

英国著名画家和美学家威廉荷迦斯在《美的分析》中指出：蛇形线比任何线条"都更能创造美"，可以称之为"美的线条"，蛇形线"灵活生动，同时朝着不同的方向旋绕，能使眼睛得到满足，引导眼睛追逐其无限的多样性"，可以称之为"富于吸引力的线条"。从视觉上看，倘若是一个不规则的多边形，就让人看着不太舒服，因为它的一次次折角，会给人造成视觉上的挫折和创伤，而蛇形线条非常平滑，既回避了单调，又避免了挫折。

用蛇形曲线的丰富、柔顺、平滑去表现美丽无比、温柔善良的维纳斯是再恰当不过了。

3. 给维纳斯接上手臂

维纳斯手臂的动作是什么样的？人们一直很好奇。课堂上，发挥学生的想象力，用自己的动作为维纳斯接上手臂，想象维纳斯可能是什么动作，手里有什么东西。

有人说"没有手臂的维纳斯是最完美的"。我们发现，无论她手臂的动作是什么样的都破坏了她身体完美的"S"形曲线，而且没有手臂的维纳斯给人无限遐想的空间，永葆造谜的魅力。断臂维纳斯永远处在亮出谜底之前的时刻，她的手臂是什么姿势？她的手里拿的是什么？许多人陷入了猜谜的狂热。一件艺术作品不但成为欣赏的对象，而且成为议论、考证、猜测的对象，作为对象的广泛适用性，断臂维纳斯是无与伦比的。空白，促使我们永远不停地探索；残缺，促使我们永远不停地去弥补。从这个意义上说，维纳斯无论形体本身还是象征的意义，都获得了永恒。

第三站：比较、发现

（主题）比较雕塑维纳斯与波提切利的绘画作品《维纳斯的诞生》（见图3）

图3　波提切利《维纳斯的诞生》

（环节）新课学习

（过程）

比较雕塑和绘画中的维纳斯形象，你发现了什么？

同学们看到了人物有着极为相似的动作，但又不完全相同。文艺复兴时期的艺术是以古希腊、古罗马艺术作为典范的，此画中的维纳斯形象，虽然仿效古希腊雕像，但风格全属创新，强调了秀美与清纯，同时也具有含蓄之美。

这一环节，从人文层面比较不同时期的艺术，了解古希腊艺术对后世的影响。

第四站：拓展、延伸

（主题）"挪用"名作

（环节）拓展延伸

（过程）

1. 展示以维纳斯为蓝本的当代艺术（见图4和图5）。

图4　达利《带抽屉的维纳斯》　　　图5　中央美院美术馆展出的作品

2. 展示"挪用名作"的经典作品（见图6至图12）

图6　达·芬奇《蒙娜丽莎》　　　图7　杜尚作品　　　图8　波特罗作品

当这些作品作为一种经典的传统审美与造型符号被人们广泛地接受时，后来的艺术家用自己的方式，把经典当做恶搞和嘲讽的对象，展示了他们反叛传统、无视约束的品性，给后继的艺术运动以新的启迪。

第五站：创意、表达

（主题）以维纳斯为蓝本，创作一幅艺术作品

图 9　委拉斯凯兹《宫娥》

图 10　毕加索《宫娥》

图 11　拉斐尔《帕里斯的审判》

图 12　马奈《草地上的午餐》

图 13　毕加索对《草地上的午餐》的变体尝试

（环节）课堂绘画创意训练

（过程）

要求同学们先画一个维纳斯的外轮廓，再在轮廓内用各种创意图形或文字填充，完成一幅创意绘画（见图 14）。再一次感受维纳斯的形式美，同时，给学生留下创意表达的空间，培养学生创新精神和创新意识。

第六站：展示、评价

（主题）作品展示、交流、互评、自评

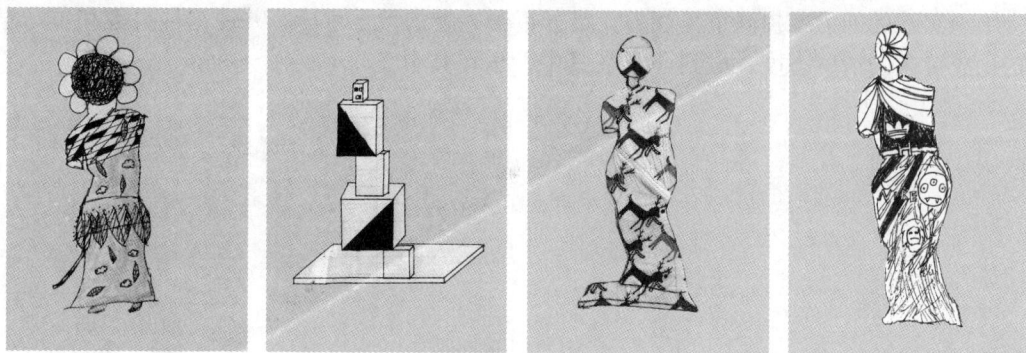

图 14　学生作品

（环节）反馈
（过程）

在教室内举办一次临时画展。同学们展示、交流、自评、互评作品，分享创造成果，结束美的旅程。

【点评】

新课程改革背景下的高中美术教育教学面临全新的挑战，高中美术教学不仅是美术教学内容的改革，也是对其教学理念与方法的重大变革。美术教育开始注重对学生学习兴趣的培养、美术情感体验以及美术的创新精神。通过具体的美术实践活动，将这样的目标贯穿于美术教学的课堂学习中，让每一位学生都能在美术活动中体验和感受美的艺术。

高中生学习美术的过程更加强调兴趣意识，这是美术学习的动力与催化剂。本课的教学设计就十分注重学生学习的兴趣点，从以往的传授美术技能、知识向激发、培养学生学习美术的兴趣转变。美术鉴赏内容庞杂，需要有的放矢。本课就以古希腊雕塑《维纳斯》为课程起点，在了解其基本的形式美特征后，带领学生延伸到现当代艺术对"维纳斯"的全新塑造，再将这条教学线索拓展到"蒙娜丽莎"、"草地上的午餐"等作品，并运用影视、录像、多媒体、甚至故事引导学生们理解艺术大师们对传统的形式美所进行的新的演绎，充分发挥美术教学特有的魅力，增强他们对形象的感受能力和想象能力，开拓他们的思维和想象空间，为课堂创意绘画奠定了思维基础。同时，面对高中学生，教师为了充分调动学生的积极性与创造性，努力创建一个宽松、活跃的美术课堂环境，尊重学生对于美术作品的独到见解，积极鼓励学生以创新精神从多角度理解作品、发表真正属于自己的主张，引导学生充分发表源自内心的观点、感受，使美术作品的欣赏呈现"仁者见仁，智者见智"的效果。这种宽松自然的教学氛围，也为学生创意思维的展现提供了轻松的精神环境。

整个教学设计，突出美术学科的人文性、趣味性，注重感知、体验、理解、拓展思维。通过图解、模仿、体验去感受维纳斯的美，并融入情境之中；通过"挪用"、"借鉴"、"创新" 去突破维纳斯的美，创造出一个崭新的维纳斯，最终实现通过培养创意表达、绘画实践的能力，提高审美能力，培养审美兴趣的教学目标，并使这种兴趣和主动意识转化成持久的情感态度，做到"学在其中，乐在其中"。

（合肥师范学院　马晴）

【附件 1】

义务教育美术课程标准（2011 年版）
中华人民共和国教育部制定

第一部分　前言

美术以视觉形象承载和表达人的思想观念、情感态度和审美趣味，丰富人类的精神和物质世界。美术教育具有悠久的历史，近代以来，美术课程更以其丰富的教育价值列入中小学课程体系中。当代社会的发展对国民的素质提出了新的要求，学习图像传达与交流的方法、形成视觉文化的意识和构建面向 21 世纪的创造力已成为当代美术课程的基本取向。美术课程应该在我国基础教育课程体系中发挥更积极的作用，为国家培养具有人文精神、创新能力、审美品位和美术素养的现代公民。

美术课程以社会主义核心价值体系为导向，弘扬优秀的中华文化，力求体现素质教育的要求；以学习活动方式划分美术学习领域，加强学习活动的综合性和探索性，注重美术课程与学生生活经验紧密关联，使学生在积极的情感体验中发展观察能力、想象能力和创造能力，提高审美品位和审美能力，增强对自然和人类社会的热爱及责任感，形成创造美好生活的愿望与能力。

一、课程性质

美术课程以对视觉形象的感知、理解和创造为特征，是学校进行美育的主要途径，是九年义务教育阶段全体学生必修的基础课程，在实施素质教育的过程中具有不可替代的作用。

美术课程凸显视觉性。学生在美术学习中积累视觉、触觉和其他感官的经验，发展感知能力、形象思维能力、表达和交流能力。

美术课程具有实践性。学生在美术学习中运用传统媒介或新媒体创造作品，发展想象能力、实践能力和创造能力。

美术课程追求人文性。学生在美术学习中学会欣赏和尊重不同时代和文化的美术作品，关注生活中的美术现象，涵养人文精神。

美术课程强调愉悦性。学生在美术学习中自由抒发情感，表达个性和创意，增强自信心，养成健康人格。

二、课程基本理念

(一) 面向全体学生

实施义务教育阶段的美术教育，必须坚信每个学生都具有学习美术的潜能，能在他们不同的潜质上获得不同程度的发展。美术课程适应素质教育的要求，面向全体学生，选择基础的、有利于学生发展的美术知识和技能，结合过程和方法，组成课程的基本内容，并通过有效的学习方式，帮助学生逐步体会美术学习的特征，形成基本的美术素养，为终身学习奠定基础。

(二) 激发学生学习兴趣

兴趣是学习美术的基本动力之一。美术课程强调通过发挥美术教学特有的魅力，使课程内容与不同年龄阶段的学生的情意和认知特征相适应，以灵活多样的教学方法激发学生的学习兴趣，并使这种兴趣转化为持久的情感态度。美术课程注重内容与学生的生活经验紧密联系，发挥知识和技能在帮助学生提高精神和生活品质方面的作用，让学生在实际生活中领悟美术的独特价值。

(三) 关注文化与生活

美术是人类文化的一个重要组成部分，与社会生活的方方面面有着千丝万缕的联系。通过美术课程，学生了解人类文化的丰富性，在广泛的文化情境中认识美术的特征、美术表现的多样性以及美术对社会生活的独特贡献，并逐步形成热爱祖国优秀文化传统和尊重世界文化多样性的价值观。

(四) 注重创新精神

现代社会需要充分发挥每个人的主体性和创造性，因此，美术课程特别重视对学生个性与创新精神的培养，采取多种方法，帮助学生学会运用美术的方法，将创意转化为具体成果。通过综合学习和探究学习，引导学生在具体情境中探究与发现，找到不同知识之间的关联，发展综合实践能力，创造性地解决问题。

三、课程设计思路

(一) 以美术学习活动方式划分学习领域，加强综合性和探究性

美术课程改变单纯以学科知识体系构建课程的思路和方法，从促进学生素质发展的角度，根据美术学习活动方式划分为"造型·表现""设计·应用""欣赏·评述"和"综合·探索"四个学习领域。美术学习活动大致可分为创作和欣赏两类。为了便于学习，将创作活动再具体分为"造型·表现"和"设计·应用"两个学习领域。"造型·表现"是美术学习的基础，其活动方式更强调自由表现，大胆创造，外化自己的情感和认识。"设计·应用"学习领域包括设计和工艺学习内容，既强调形成创意，又关注活动的功能和目的。"欣赏·评述"这一学习领域则注重通过感受、欣赏和表达等活动方式，内化知识，形成审美心理结构。

综合性学习是当代教育发展的一个新特点，美术课程特别设置了"综合·探索"这一新的学习领域。"综合·探索"学习领域提供了上述美术学习领域之间、美术与其他学科、美术与社会等方面相综合的活动，旨在发展学生的综合实践能力和探究发现能力。

上述四个学习领域的划分是相对的，每一学习领域各有侧重，又互相交融、紧密相关，形成一个具有开放性的美术课程结构。

（二）根据学生的身心发展水平，分学段设计课程内容和学习活动

根据学生的身心发展水平，美术课程将义务教育阶段的美术学习分成四个学段（第一学段：1~2 年级；第二学段：3~4 年级；第三学段：5~6 年级；第四学段：7~9 年级），并结合四个学习领域分别设计课程内容与学习活动，从而形成依次递进、前后衔接的课程结构，适应不同年龄段学生在美术方面的情意特征、认知水平和实践能力。

（三）在保证基本规定性的同时，给予教师教学更大的空间

美术课程努力体现义务教育的基本特征，保证每个学生接受美术教育的权利，让全体学生参与美术学习，使每个学生在自己原有的基础上有所发展。为此，美术课程提出一些具体的学习活动建议，帮助教师引导学生向学习目标发展。不同地区的教师可根据实际情况和条件，选择和采纳这些学习活动建议，也可以向学生提出其他学习活动建议，从而使教师的教学活动更加灵活，更具主动性和创造性。

第二部分　课程目标

一、总目标

美术课程总目标按"知识与技能""过程与方法""情感、态度和价值观"三个维度设定。

学生以个人或集体合作的方式参与美术活动，激发创意，了解美术语言及其表达方式和方法；运用各种工具、媒材进行创作，表达情感与思想，改善环境与生活；学习美术欣赏和评述的方法，提高审美能力，了解美术对文化生活和社会发展的独特作用。学生在美术学习过程中，丰富视觉、触觉和审美经验，获得对美术学习的持久兴趣，形成基本的美术素养。

二、分目标

美术课程分目标从"造型·表现""设计·应用""欣赏·评述"和"综合·探索"四个学习领域设定。

（一）"造型·表现"学习领域

1. 观察、认识与理解线条、形状、色彩、空间、明暗、肌理等基本造型元素，运用对称、均衡、重复、节奏、对比、变化、统一等形式原理进行造型活动，增进想象力和创新意识。

2. 通过对各种美术媒材、技巧和制作过程的探索及实验，发展艺术感知能力和造型表现能力。

3. 体验造型活动的乐趣，敢于创新与表现，产生对美术学习的持久兴趣。

（二）"设计·应用"学习领域

1. 了解设计与工艺的知识、意义、特征与价值以及"物以致用"的设计思想，知道设计与工艺的基本程序，学会设计创意与工艺制作的基本方法，逐步发展关注身边事物、善于发现问题和解决问题的能力。

2. 感受各种材料的特性，根据意图选择媒材，合理使用工具和制作方法，进行初步的设计和制作活动，体验设计、制作的过程，发展创新意识和创造能力。

3. 养成勤于观察、敏于发现、严于计划、善于借鉴、精于制作的行为习惯和耐心细致、团结合作的工作态度，增强以设计和工艺改善环境与生活的愿望。

(三)"欣赏·评述"学习领域

1. 感受自然美，了解美术作品的题材、主题、形式、风格与流派，知道重要的美术家和美术作品，以及美术与生活、历史、文化的关系，初步形成审美判断能力。

2. 学会从多角度欣赏与认识美术作品，逐步提高视觉感受、理解与评述能力，初步掌握美术欣赏的基本方法，能够在文化情境中认识美术。

3. 提高对自然美、美术作品和美术现象的兴趣，形成健康的审美情趣，崇尚文明，珍视优秀的民族、民间美术与文化遗产，增强民族自豪感，养成尊重世界多元文化的态度。

(四)"综合·探索"学习领域

1. 了解美术各学习领域的联系，以及美术学科与其他学科的联系，逐步学会以议题为中心，将美术学科与其他学科融会贯通的方法，提高综合解决问题的能力。

2. 认识美术与自然、美术与生活、美术与文化、美术与科技之间的关系，进行探究性、综合性的美术活动，并以各种形式发表学习成果。

3. 开阔视野，拓展想象的空间，激发探索未知领域的欲望，体验探究的愉悦与成功感。

第三部分　课程内容

一、内容说明

本标准的四个学习领域，在比例上不作具体的规定，各地可根据实际情况灵活安排。

各学习领域分别由目标、学习活动建议和评价要点三部分组成。目标是课程总目标和分目标的具体化。学习活动建议针对目标提出一些更为具体的、可操作的学习内容和学习方式。这些学习内容和学习方式具有可选择性，各地可根据自己的实际情况，选择和采纳其中的建议，实施教学活动，促进学生向目标发展。评价要点则提出检测目标达成度的要点。

(一)"造型·表现"学习领域说明

"造型·表现"学习领域是指运用多种媒材和手段，表达情感和思想，体验造型乐趣，逐步形成基本造型能力的学习领域。造型是具有广泛含义的概念，但在本学习领域中指运用描绘、雕塑、拓印、拼贴等手段和方法创作视觉形象的美术创作活动。表现则是通过多种媒介进行美术创作活动来传达观念、情感的过程。造型与表现是美术创造活动的两个方面，造型是表现的基础，表现是通过造型的过程和结果而实现的。

"造型·表现"学习领域不以单纯的知识、技能传授为目的，而要贴近学生不同年龄阶段的身心发展特征与美术学习的实际水平，鼓励学生积极参与造型表现活动。在教学过程中，应引导学生主动寻找与尝试不同的材料，探索各种造型表现方法；不仅关注学生美术学习的结果，还要重视学生在活动中参与和探究的过程。

（二）"设计·应用"学习领域说明

"设计·应用"学习领域是指运用一定的物质材料和手段，围绕一定的目的和用途进行设计与制作，传递与交流信息，改善环境与生活，逐步形成设计意识和实践能力的学习领域。本学习领域中"设计"的含义既包括现代设计的理念与方法，也包括传统工艺的思想、制作手段与方法。

"设计·应用"学习领域以形成学生设计意识和提高动手能力为目的。教学内容的选择应贴近学生的生活实际，将学科知识融入生动的课程内容中，密切联系社会生活，关注环境和生态，突出应用性、审美性和趣味性，使学生始终保持浓厚的学习兴趣和创造欲望。

（三）"欣赏·评述"学习领域说明

"欣赏·评述"学习领域是指学生通过对自然美、美术作品和美术现象等进行观察、描述和分析，逐步形成审美趣味和美术欣赏能力的学习领域。学生除了通过欣赏获得审美愉悦之外，还应认知作品的思想内涵、形式与风格特征、相关的历史与社会背景，以及作者的思想、情感和创造性的劳动，并用语言、文字、动作等多种方式表达自己的感受与认识。

"欣赏·评述"学习领域的教学应注重学生的积极参与，努力激发学生的主体意识，以多样的教学方式，引导学生掌握最基本的美术欣赏方法，学会通过美术馆、博物馆、网络、书刊等多种渠道收集相关信息，不断提高学生的欣赏和评述能力；要引导学生关注美术与社会的关系，在文化情境中理解美术作品，涵养人文精神。教师要充分利用地方的文化资源，引导学生了解美术作品与当地地理、历史、经济、民俗的联系，使欣赏与评述活动更贴近学生的生活。

（四）"综合·探索"学习领域说明

"综合·探索"学习领域是指通过综合性的美术活动，引导学生主动探索、研究、创造以及综合解决问题的学习领域。它分为三个层次：（1）融美术各学习领域（"造型·表现""设计·应用"和"欣赏·评述"）为一体；（2）美术与其他学科相综合；（3）美术与现实社会相联系。三个层次之间又有着不同程度的交叉或重叠。

"综合·探索"学习领域的教学需要教师改变思维定式，寻找美术各门类、美术与其他学科、美术与现实社会之间的连接点，设计出丰富多彩并突出美术学科特点的"综合·探索"学习领域的课程。在教学过程中，应特别注重以学生为主体的研讨和探索，引导学生积极探索美术与其他学科、美术与社会生活相结合的方法，开展跨学科学习活动。

二、课程内容

第一学段（1~2年级）

（一）"造型·表现"学习领域

1. 目标

尝试不同工具，用纸以及容易找到的各种媒材，通过看看、画画、做做等方法大胆、自由地表现所见所闻、所感所想，体验造型活动的乐趣。

2. 学习活动建议

以游戏等多种方式，体验不同工具和媒材的表现效果，开展造型表现活动，并借助语言表达自己的想法。

尝试用线条、形状和色彩进行绘画表现活动，认识常用颜色。

尝试用纸材、泥材等多种媒材以及简便的工具，通过折、叠、揉、搓、压等方法，进行造型活动。

尝试实物拓印，体验拓印活动的乐趣。

3. 评价要点

对造型表现活动感兴趣并积极参与。

通过造型表现活动，大胆、自由地表达自己的观察、感受和想象，创作若干件能反映自己学习水平的作品。

辨别12种以上的颜色。

（二）"设计·应用"学习领域

1. 目标

观察身边的用品，初步了解形状与用途的关系。尝试不同工具，用身边容易找到的各种媒材，进行简单组合和装饰，体验设计和制作活动的乐趣。

2. 学习活动建议

以观察和体验的方式，了解身边用品的形状、色彩、尺寸、材料与用途。

用画、撕、剪、粘的方法进行简单的组合与装饰，表现自己改进用品的想法。

尝试多种媒材，引发丰富的想象，体验设计与制作的乐趣。

3. 评价要点

观察身边的用品，了解形状与用途的关系，用自己的语言加以描述。

尝试运用2种或2种以上的工具、媒材进行简单组合和装饰。

仔细观察，发挥想象，认真完成设计和制作活动。

正确、安全地使用工具和材料。

（三）"欣赏·评述"学习领域

1. 目标

观赏自然景物和学生感兴趣的美术作品，用简短的话语大胆表达感受。

2. 学习活动建议

通过观摩、讨论的方式，欣赏学生感兴趣的美术作品（如中外表现儿童题材的美术作品）。

欣赏与了解民间玩具和现代儿童玩具，感受其造型与色彩的特点。

通过观摩录像、图片等，对动漫作品，特别是具有民族特色的国产动漫作品进行欣赏与讨论。

通过展评等活动，欣赏自己和同学创作的美术作品，交流想法，相互评述。

通过实地观摩或观看图片和录像等，观赏自然景色和动植物的形状与色彩。

3. 评价要点

乐于参与欣赏学习活动。

用简短的话语表达对美术作品和自然景色的感受。

（四）"综合·探索"学习领域

1. 目标

采用造型游戏的方式，或以造型游戏与语文、音乐等学科内容相结合的方式，进行无主题或有主题的想象、创作和展示。

2. 学习活动建议

利用各种媒材，采用造型游戏的方式表现自己的想象，创作美术作品，并表达自己的感受。

根据儿歌、童话或故事，创作头饰或面具等，进行游戏或表演。

创设一个与生活相关的情境，用各种媒材制作小道具，开展模拟或表演活动。

共同设计、布置学生美术作品展览或美化教室。

3. 评价要点

积极参与造型游戏活动。

结合儿歌、童话或故事，运用媒材进行创作与展示。

大胆地表达自己的感受。

第二学段（3~4 年级）

（一）"造型·表现"学习领域

1. 目标

初步认识线条、形状、色彩与肌理等造型元素，学习使用各种工具，体验不同媒材的效果，通过观察、绘画、制作等方法表现所见所闻、所感所想，激发丰富的想象，唤起创造的欲望。

2. 学习活动建议

用写生（含速写）、记忆、想象和创造等方式，进行造型表现活动。

学习线条、形状、色彩和肌理的基本知识，并用于描绘事物，表达情感。

选择各种易于加工的媒材，运用剪贴、折叠、切挖和组合等方法，进行有意图的造型活动。

尝试用毛笔、水性颜料、墨和宣纸等工具、材料，开展趣味性造型活动。

用描绘、剪刻和印制等方法，进行简易版画创作。

3. 评价要点

对造型表现活动有比较浓厚的兴趣，并表现出想象力和创造力。

在绘画作品中表现自己所观察到的事物的特征和感受。

运用 3 种以上的方法，创作表达一定意图的立体作品。

认识和运用原色、间色和冷暖色。

（二）"设计·应用"学习领域

1. 目标

尝试从形状与用途的关系，认识设计和工艺的造型、色彩、媒材，学习对比与和谐、对称与均衡等形式原理，用手绘草图或立体制作的方法表现设计构想，感受设计和工艺与其他美术活动的区别。

2. 学习活动建议

观察和分析用品的造型、色彩、媒材与用途的关系，表达自己的感受。

学习对比与和谐、对称与均衡等形式原理。

根据物品的用途，提出设计构想，用手绘草图或立体模型的方法加以呈现。

选择身边的媒材，学习运用多种方法（如撕、剪、刻、折、叠、编、卷曲、插接、描绘等）进行简单的工艺制作。

3. 评价要点

关注物品的形状与用途的关系，从设计的角度对作品进行描述与分析。

根据物品的用途，大胆进行想象，表达自己的创意。

知道 3 种或 3 种以上制作的方法，了解工艺制作的过程。

初步养成善于发现、勤于思考、大胆想象和追求创意的习惯。

正确、安全地使用工具和媒材。

（三）"欣赏·评述"学习领域

1. 目标

欣赏符合学生认知水平的中外美术作品，用语言或文字等多种形式描述作品，表达感受与认识。

2. 学习活动建议

尝试对美术作品，特别是具有我国民族特色的美术作品，用语言或文字进行描述，用多种方式表达自己的感受与认识。

搜集我国民间美术作品（如剪纸、年画、传统纹样、皮影、面具等），并了解其中的特点或寓意，进行交流。

认识公共场所中常用的图形符号，了解其作用，欣赏与分析其创意。

以小组合作学习的方式，讨论我国民居建筑的特色。

3. 评价要点

积极参加美术欣赏活动，主动搜集我国民族、民间美术作品或图片。

知道 2 种或 2 种以上的中国民间美术种类的主要特点以及作品的寓意。

用恰当的词语、短句等表达自己对美术作品的感受和认识。

识别 3 种或 3 种以上公共场所中常用的图形符号。

（四）"综合·探索"学习领域

1. 目标

采用造型游戏的方式，结合语文、音乐、品德与社会、科学等学科内容，进行美术创作与展示，并发表创作意图。

2. 学习活动建议

根据各种材料特点，采用造型游戏的方式进行无主题或有主题的想象，创作美术作品，并发表自己的创作意图。

结合语文、音乐等学科内容进行美术创作；与同学们一起讨论并选定展示美术作品的方案，布置学生美术作品展览，美化教室或学校环境。

根据诗歌、童话、故事或创设某一情境，制作纸偶、乐器、皮影等作品，并进行表演，或举办集体生日庆祝等活动。

结合品德与社会、科学等学科内容，设计并制作学校、村庄、公园、游乐场的地图或模型。

3. 评价要点

积极参与造型游戏活动，并乐于与同学合作。

对媒材的形状、色彩和材质感兴趣，发现并收集身边可以用于造型活动的各种材料，进行联想和创作。

积极开动脑筋，结合语文、音乐、品德与社会、科学等学科内容进行创作与展示。

大胆地发表自己的创作意图，对他人的作品进行评述。

在活动前做好各种准备，并在结束时进行收拾整理。

第三学段（5~6年级）

（一）"造型·表现"学习领域

1. 目标

运用线条、形状、色彩、肌理和空间等造型元素，以描绘和立体造型的方法，选择合适的工具、媒材，记录与表现所见所闻、所感所想，发展美术构思与创作的能力，表达思想与情感。

2. 学习活动建议

尝试不同的造型表现方法（如写实、夸张、抽象、装饰等），运用造型元素和形式原理，描绘事物，表达思想与情感。

学习对比、调和等色彩知识以及简单的绘画构图和透视知识。

尝试中国画的表现方法，体验笔墨趣味。

运用泥、纸、泡沫塑料等多种媒材，创作动物、人物和景物等立体造型作品。

学习漫画、动画的表现方法，并进行创作练习。

运用计算机、照相机等进行造型表现活动。

3. 评价要点

尝试多种表现方法，有意识地运用造型元素和形式原理，积极参与造型表现活动。

了解基本的构图知识，合理地安排画面。

在绘画作品中表现物体的近大远小的空间关系。

运用对比色、邻近色，表现适合的主题。

根据不同媒材的特点，结合自己的创作意图，灵活运用所学的方法创作若干件美术作品。

用语言或文字评价自己和同学的作品。

(二)"设计·应用"学习领域

1. 目标

从形态与功能的关系，认识设计和工艺的造型、色彩、媒材。运用对比与和谐、对称与均衡、节奏与韵律等形式原理以及各种材料、制作方法，设计和装饰各种图形与物品，改善环境与生活，并与他人交流设计意图。

2. 学习活动建议

学习设计的形式原理，观察、分析设计作品的造型、色彩、结构、尺度、材质、肌理与功能的关系。

从日常用品中发现问题，尝试用自己的设计加以改进，并做简单说明。

选用各种材料进行工艺制作（如玩具、风筝、陶艺制作等）的练习。

运用视觉传达设计的知识，为学校的运动会、文娱活动、节庆以及社区或村庄进行设计。

学习民族传统纹样，用单独纹样进行设计练习。

运用不同的材料和技法进行立体模型的制作练习。

学习用计算机或其他手段进行标志、招贴、请柬、相册等的设计。

3. 评价要点

理解设计的形态与功能的关系以及设计的作用和意义。

有意识地运用形式原理进行设计和制作。

在设计活动中表现出一定的创意。

知道单独纹样的设计方法和应用。

利用材料的特性进行简单的加工制作。

运用设计知识，评述自己和同学的设计作品。

熟练、安全地使用工具。

(三)"欣赏·评述"学习领域

1. 目标

欣赏中外优秀美术作品，了解有代表性的美术家。通过描述、分析与讨论，用简单的美术术语对美术作品的内容与形式进行分析，表达对美术作品的感受与理解。

2. 学习活动建议

以讨论、比较等方式，欣赏不同种类的绘画作品（如速写、素描、中国画、油画和版面等），了解有代表性的画家。

以讨论、比较等方式，欣赏中外雕塑艺术作品，了解有代表性的雕塑家。

以讨论、比较等方式，欣赏中外建筑艺术作品。

以讨论、比较等方式，欣赏中国工艺美术作品。

尝试以查阅或搜集资料的方式，了解中外著名美术家及代表作品。

运用常用的美术术语，通过讨论和写作，表达对美术作品的感受与理解。

3. 评价要点

积极参与美术欣赏活动，主动搜集、了解中外美术作品及重要美术家的信息。

运用简单的美术术语，通过口头描述或写作等多种方式，表达对美术作品的感受与理解。

利用互联网、辞书或美术专业书籍等查阅美术方面的资料。

能说出至少6位重要美术家（中外各3位）及其代表作品。

（四）"综合·探索"学习领域

1. 目标

结合1~6年级其他学科的知识、技能以及学校和社区的活动，用多种美术媒材进行策划、创作与展示，体会美术与生活环境、美术与传统文化的关系。

2. 学习活动建议

编写自己喜爱的剧本，设计、制作服饰以及相应的布景或道具，进行表演。

结合科学学科知识，例如运用平衡、运动、声、光、电等原理，设计并制作简单而有创意的作品。

了解传统节日的来历及其活动方式，开展相关的设计、创作与展示，体会美术与传统文化的关系。

调查、了解城镇或乡村的历史，为自己所在社区的未来发展进行规划，设计蓝图，制作模型，并进行展示。

使用照相机、摄像机收集素材，并利用计算机等手段进行美术创作和展示活动。

3. 评价要点

在生活中发现与美术相关的问题，与同学合作策划研究课题。

大胆发表自己的意见，提出研究方案，积极参与探究性活动。

用文字、图像等形式记录调查结果，尝试对素材进行整理和分析。

积极开动脑筋，以美术与其他学科知识相结合的方式，进行创作与展示。

以口头描述或写作的方式表达自己对美术与生活环境、美术与传统文化的认识和体会。

第四学段（7~9年级）

（一）"造型·表现"学习领域

1. 目标

有意图地运用线条、形状、色彩、肌理、空间和明暗等造型元素以及形式原理，选择传统媒介和新媒材，探索不同的创作方法，发展具有个性的表现能力，表达思想与情感。

2. 学习活动建议

选择写实、变形和抽象等方式，运用造型元素和形式原理，开展造型表现活动，描绘事物，表达情感和思想。

学习透视、色彩、构图、比例等知识，提高造型表现能力。

学习速写、素描、色彩画、中国画和版画等表现方法，进行绘画练习。

学习雕、刻、塑等方法，创作雕塑小品。

学习漫画、动画的表现方法，并进行创作练习。

选择计算机、照相机和摄像机等媒介，进行表现活动。

3. 评价要点

选择适合自己的造型方式，积极参与造型表现活动。

知道基本的造型元素和形式原理，并能在创作活动中有意识地运用。

根据表现意图，在绘画创作中合理构图，恰当地表现空间关系和色彩关系。

灵活运用雕、刻、塑等基本的雕塑方法，创作若干件雕塑小品。

运用中国画的基本笔法、墨法，进行表现。

（二）"设计·应用"学习领域

1. 目标

了解设计的主要门类和基础知识，运用对比与和谐、对称与均衡、节奏与韵律、多样与统一等形式原理以及各种材料和制作方法，进行创意设计和工艺制作，改善环境与生活，表达设计意图，评述他人的设计和工艺作品，形成初步的设计意识。

2. 学习活动建议

欣赏优秀的设计作品，了解设计的主要门类及其主要特征，尝试用语言或文字从设计的角度进行评述。

学习设计的形式原理与方法，进行多种形式的设计和制作练习。

了解一些媒材的特性，用面材、线材、体材等，结合学校和当地生活，制作有主题或有用的工艺品。

以团队合作的方式，选择某一主题（如校园或小区改造、学校或社区活动等），进行设计练习（写出规划方案、制作模型和绘制效果图等），共同完成作品，并进行展示。

学习民族传统纹样，用连续纹样进行设计练习。

利用参观、访问、市场调查或网络查找的方法，了解与研究民间传统工艺或现代工业设计，用摄影、绘画或文字记录的方式收集当地的设计资源，并对各种作品进行分析与评价。

3. 评价要点

知道视觉传达设计、工业设计和环境设计的分类。

初步了解设计的形式原理和过程。

了解物品功能与造型完美统一的设计原则和要求。

感悟设计与人、设计与生活以及设计与科技的密切关系，关注身边的事物和环境，初步具备用设计改善物品和环境的意识。

了解不同媒材的特性，合理而巧妙地运用媒材的质感、肌理与形状，体现设计创意。

知道连续纹样的设计方法和应用。

熟练、灵活、安全地运用工具。

（三）"欣赏·评述"学习领域

1. 目标

欣赏不同时代和文化的美术作品，了解重要的美术家及流派。通过描述、分析、比较与讨论等方式，认识美术的不同门类及表现形式，尊重人类文化遗产，对美术作品和美术现象进行简短评述，表达感受和见解。

2. 学习活动建议

对不同时代和文化的美术作品，尝试运用描述、分析、解释、评价等美术欣赏方法进行学习和研究。

通过查阅或搜集资料的方式，了解中外著名美术家及流派。

通过观摩和讨论，分析设计作品的实用性与审美性。

通过观摩录像或邀请当地工艺美术家、民间艺人，了解中国传统工艺的制作方式与特点。

欣赏中外优秀的建筑作品，并结合当地的建筑与环境，进行评述，体会建筑、环境与人之间的关系。

欣赏书法与篆刻作品，感受其特征。

欣赏新媒体艺术作品，了解科技发展与美术创作的关系。

对现实生活中发生的美术现象及相关图片报道，进行简单的解读、分析和评述。

3. 评价要点

运用描述、分析、解释、评价等方法对美术作品进行欣赏与评述。

识别不同门类的美术作品，如中国画、水彩画、油画、版画、雕塑、动漫等。

了解和认识美术与生活的关系及美术的文化价值，珍视和保护人类文化遗产。

知道中国美术史中 5 位以上代表性美术家及其作品，外国美术史中 2 个以上的重要流派及其代表人物与作品。

描述和分析美术作品的意义和审美特征，写出 300 字以上的评论文章，并有兴趣与同学讨论、分析现实生活中发生的美术现象或事件。

利用互联网、辞书或美术专业书籍等，了解中外美术史中的重要美术家及流派。

（四）"综合·探索"学习领域

1. 目标

结合 7~9 年级其他学科的知识、技能，用多种美术媒材、方法和形式进行记录、规划、创作、表演与展示；了解美术与其他学科之间的联系；了解美术与人类生存环境、传统文化、多元文化之间的关系。

2. 学习活动建议

结合音乐、语文、外语、历史、社会等学科内容，创作插图、年表，或编写剧本，设计海报，制作道具，布置场景，并进行表演。

结合数学、物理、化学、生物等学科内容，创作图表；根据科学原理，设计、制作作品，并进行展示，或装饰自己的家庭，美化校园环境。

结合学校或社会的时事新闻，开展专题研究，用美术的方式表达研究成果，布置专题展览或举办研讨会。

调查、了解美术与人类生存环境的关系，依据城镇或乡村的特征，考虑环保、居住、休闲、健身和景观等功能，设计社区未来发展规划图或制作模型，向社区展示，并接受公众的评估。

运用各种信息技术，收集班级的各种信息，设计班级主页和学生个人网页，组成班级网，参与网络的交流。

3. 评价要点

在生活中发现与美术相关的问题，与同学合作确定研究课题。

以美术知识结合其他学科以及在生活中所获得的知识，提出自己的研究方案。

用图像、文字、声音等形式记录调查与思考的结果，对素材进行整理和分析。

以个人或与集体合作的方式，进行创作与展示。

以创作与展示等方式表达自己对美术与人类生存环境、美术与传统文化、美术与多元文化之间关系的认识和理解。

第四部分　实施建议

一、教学建议

美术课程的改革不仅是内容的改革，也是教学过程和教学方法的改革。重视教学过程和教学方法的改革，是本次课程改革的一个重要特点。

（一）坚持面向全体学生的教学观

尊重每一个学生学习美术的权利，关注每一个学生在美术学习中的表现和发展，做到因材施教，有针对性地采用教学方法和手段，力争让每一个学生学有所获。农村和边远地区的教师要因地制宜，灵活地选用和创造适合当地美术教学条件的教学方法和手段，努力提高教学质量。

（二）积极探索有效教学的方法

明确"以学生为本"的教学设计的指导思想，在教学过程中，通过对教学目标、教学情境、信息资源、探究学习、自主学习、合作学习、练习活动、学习评价等方面的精心策划和设计，提高美术教学效果。

（三）营造有利于激发学生创新精神的学习氛围

营造宽松的学习氛围，设置问题情境，提供原型启发，引导学生进行观察、想象和表现等活动，鼓励学生独立思考，发现问题，形成创意，并运用美术语言和多种媒材创造性地加以表达，解决问题。

（四）多给学生感悟美术作品的机会

遵循学生的成长规律、审美规律和美术学习规律，有效利用各种美术课程资源，向学生提供感悟美术作品的机会，引导学生通过观察、体验、分析、比较、联想、鉴别、判断等方法，积极开展探究、讨论和交流，鼓励他们充分发表感受与认识，努力提高他们的审美品位和审美判断能力。

（五）引导学生关注自然环境和社会生活

通过观察、体验、构思、描绘、塑造、设计和制作等美术教学活动，引导学生关注自然环境和社会生活，培养学生亲近自然、融入社会、关爱生命的情感态度与行为习惯，逐渐形成他们的环境意识、社会意识和生命意识。

（六）重视对学生学习方法的研究

研究和探索适合学生身心特征和美术学科特点的多种学习方法，并用于引导学生进行自主、合作、探究学习，帮助他们学会学习，有效掌握基本的美术知识与技能，发展视知觉能力、美术欣赏和表现能力以及对美术的综合运用能力。

（七）探索各种生动有趣、适合学生身心发展水平的教学手段

灵活运用影像、范画以及故事、游戏、音乐、参观、访问、旅游等方式，增强学生对形象的感受能力与想象能力，激发他们学习美术的兴趣，促进每个学生在原有基础上的进步。根据学生的学习需求，开展计算机和网络美术教学，鼓励他们主动检索美术信息，利用数码相机和计算机创作美术作品，互动交流。

（八）培养学生健康乐观的心态和持之以恒的学习精神

在具体的美术教学活动中，有意识地培养学生健康乐观的心态和持之以恒的学习精神，使他们充满自信地参与美术学习；要求学生从小事做起，逐渐形成关心集体、爱护环境和公共财物等良好行为习惯。

二、评价建议

美术课程评价应以学生在美术学习中的客观事实为基础，注重评价与教学的协调统一，尤其要加强形成性评价和自我评价。既要关注学生掌握美术知识、技能的情况，更要重视美术学习能力、学习态度、情感和价值观等方面的评价。

（一）依据美术课程标准进行评价

在评价中努力体现标准的理念和目标，充分发挥评价的激励与反馈功能，帮助学生树立学习信心和发现自己的不足，促进学生在美术学习方面的发展。同时，通过评价获得准确的信息反馈，帮助美术教师不断改进教学工作。

（二）注重美术学习表现的评价

不仅依据美术作业评价学生美术学习的结果，而且通过考查学生在美术学习过程中的表现，评价其在美术学习能力、学习态度、情感和价值观等方面的发展，突出评价的整体性和综合性。评价可以采用个人、小组或团体的方式，在学习过程中进行或在学习结束后进行，并以适当的方式向学生反馈评价的结果，以鼓励多样化的学习方式。

（三）采用多种评价方式评价美术作业

鼓励采用学生自评、互评、教师评以及座谈等方式对学生的美术作业进行评价。评价结果可以是分数、等级或评语，也可以是评语与等级相结合的方式。对学生美术作业的评价可以从创作构思、表现方式及技能等方面进行，既要充分肯定学生的进步和发展，也要使学生明确需要克服的弱点并找到发展的方向。

（四）鼓励运用美术学习档案袋、展示和课堂讨论等质性评价方法

美术学习档案袋是一种用来记录学生整个美术成长过程的资料夹。学生在档案袋中汇集美术学习全过程的资料，包括研习记录、构想草图、设计方案、创作过程的说明、自我反思（如对自己的学习历程与作品特征的描述、评价、改进的设想）、他人（如教师、同学、家长）的评价等。

适时举办以评价为目的的展示和课堂讨论活动，鼓励学生参与评价的过程，与教师共同完成对美术学习的评价。

三、教材编写建议

美术教材是美术课程内容的重要载体，主要包括教科书和教师参考用书。教材是引导学生认知发展、人格构建的一种范例，是教师与学生沟通的桥梁。美术教材对学生学习美术的兴趣、认知水平、审美趣味、创造能力和个性品质等有着直接的影响。

（一）依据美术课程标准编写美术教材

教材的编写应依据美术课程总目标的要求，以学段标准和学生身心发展水平为参考，以有利于学生的美术学习作为思考的基点，以提示、设疑、选择、资料提供、方法指导、讨论和解释等方式，展示学习过程。

（二）实现内容组织的综合性和合理性

美术教科书一般包括课题、作品范例、教学辅助图、学习活动图片、文字内容、作业方式和评价要求等。在编写教科书时，可采用单元式、单课式或单元和单课组合式等多种形式，努力实现内容组织的合理性与综合性；注意教科书的趣味性和知识性，注重实践能力的培养。

（三）妥善处理传统与现代、中国与外国的关系

选择美术教科书内容时，要特别重视优秀的中国传统美术和民族、民间美术，弘扬优秀民族文化，体现中国特色，也要包含经典的外国美术作品，并根据学生的接受能力对现代艺术进行介绍，以开阔学生的眼界和思路，培养尊重世界多元文化的态度。

（四）鼓励美术教材呈现方式多样化

美术教材以教科书为主，辅以画册、图片、标本实物、作品以及相关的视听影像资料和计算机软件，以形成集成和互动的优势，加强美术教学的效果，促进学习方式的多样化。出版部门要积极探索，编写与出版有特色的美术教材。同时鼓励各地积极开发地方教材和校本教材。

四、课程资源开发与利用建议

美术课程资源主要包括学校资源、自然资源、社会资源和网络资源。美术课程资源的开发有利于丰富美术教学的内容，提高美术教学的效益，突出地方美术教育的特色。

（一）满足学生学习美术的基本条件

在美术学习中，必备的美术学习工具和材料包括绘画工具、材料和泥工工具、材料。1~9年级的学生必备画笔、颜料和美术专用纸张。

（二）完善美术教学的基本材料和设置

在美术教学中，必备的美术教学设备与器材包括素描、水彩画、水粉画、中国画、版画等绘画工具、材料；泥工工具、材料；美术专用教室，储藏教具、工具、材料的场所以及展示学生美术作品的场所；可供美术课使用的计算机软件等。

（三）丰富美术教学的图书和影像资源

学校图书馆中的美术书籍和其他美术资源，包括学生参考书、教师参考书、美术书籍

和杂志、美术教育书籍和杂志、幻灯片和光盘等，可供教师备课和上课、学生收集、查阅资料以及自学或合作学习时使用。

（四）拓展校外美术教学的资源

教师应广泛利用美术馆、图书馆、博物馆、艺术家工作室、艺术作坊、动植物园、公园、游乐场、商店、社区、村庄等校外的课程资源，开展多种形式的美术教育活动。

（五）开发和利用网络美术教学资源

有条件的学校应积极开发信息化课程资源，充分利用网络，获得最新的美术教育资源，开发新的教学内容，探索新的教学方法，并开展学生之间、学校之间、省市之间和国际的学生美术作品、教师美术教学成果等方面的交流。农村、边远地区及少数民族地区，应充分利用远程教育网络，引进优质美术教学资源，提高美术教学的效益。

（六）充分利用自然和社会文化资源

教师可以运用自然资源（如自然景观、自然材料等）和社会文化资源（如文体活动、节庆、纪念日、建设成就、重大历史事件、传说、故事、影视、戏剧、民族与民间艺术以及人类文化的遗物、遗迹等）进行美术教学。

（七）积极开发地方美术课程资源

地方课程资源非常丰富，各地美术教研机构、研究人员和教师应努力做好开发工作，有组织地在当地进行调查、了解，分类整理，充分加以利用，积极编写校本课程与教材。农村、边远地区及少数民族地区的学校可以因地制宜，充分利用当地的各种资源，开展有特色的美术教学活动。

【附件 2】

小学教师专业标准（试行）

　　为促进小学教师专业发展，建设高素质小学教师队伍，根据《中华人民共和国教师法》和《中华人民共和国义务教育法》，特制定《小学教师专业标准（试行）》（以下简称《专业标准》）。

　　小学教师是履行小学教育教学工作职责的专业人员，需要经过严格的培养与培训，具有良好的职业道德，掌握系统的专业知识和专业技能。《专业标准》是国家对合格小学教师专业素质的基本要求，是小学教师实施教育教学行为的基本规范，是引领小学教师专业发展的基本准则，是小学教师培养、准入、培训、考核等工作的重要依据。

一、基本理念

（一）师德为先

　　热爱小学教育事业，具有职业理想，践行社会主义核心价值体系，履行教师职业道德规范，依法执教。关爱小学生，尊重小学生人格，富有爱心、责任心、耐心和细心；为人师表，教书育人，自尊自律，做小学生健康成长的指导者和引路人。

（二）学生为本

　　尊重小学生权益，以小学生为主体，充分调动和发挥小学生的主动性；遵循小学生身心发展特点和教育教学规律，提供适合的教育，促进小学生生动活泼学习、健康快乐成长。

（三）能力为重

　　把学科知识、教育理论与教育实践有机结合，突出教书育人实践能力；研究小学生，遵循小学生成长规律，提升教育教学专业化水平；坚持实践、反思、再实践、再反思，不断提高专业能力。

（四）终身学习

　　学习先进小学教育理论，了解国内外小学教育改革与发展的经验和做法；优化知识结构，提高文化素养；具有终身学习与持续发展的意识和能力，做终身学习的典范。

二、基本内容

维度	领域	基 本 要 求
专业理念与师德	（一）职业理解与认识	1. 贯彻党和国家教育方针政策，遵守教育法律法规。 2. 理解小学教育工作的意义，热爱小学教育事业，具有职业理想和敬业精神。 3. 认同小学教师的专业性和独特性，注重自身专业发展。 4. 具有良好职业道德修养，为人师表。 5. 具有团队合作精神，积极开展协作与交流。
	（二）对小学生的态度与行为	6. 关爱小学生，重视小学生身心健康，将保护小学生生命安全放在首位。 7. 尊重小学生独立人格，维护小学生合法权益，平等对待每一位小学生。不讽刺、挖苦、歧视小学生，不体罚或变相体罚小学生。 8. 信任小学生，尊重个体差异，主动了解和满足有益于小学生身心发展的不同需求。 9. 积极创造条件，让小学生拥有快乐的学校生活。
	（三）教育教学的态度与行为	10. 树立育人为本、德育为先的理念，将小学生的知识学习、能力发展与品德养成相结合，重视小学生全面发展。 11. 尊重教育规律和小学生身心发展规律，为每一个小学生提供适合的教育。 12. 引导小学生体验学习乐趣，保护小学生的求知欲和好奇心，培养小学生的广泛兴趣、动手能力和探究精神。 13. 引导小学生学会学习，养成良好学习习惯。 14. 尊重和发挥好少先队组织的教育引导作用。
	（四）个人修养与行为	15. 富有爱心、责任心、耐心和细心。 16. 乐观向上、热情开朗、有亲和力。 17. 善于自我调节情绪，保持平和心态。 18. 勤于学习，不断进取。 19. 衣着整洁得体，语言规范健康，举止文明礼貌。

续表

维度	领域	基 本 要 求
专业知识	（五）小学生发展知识	20. 了解关于小学生生存、发展和保护的有关法律法规及政策规定。 21. 了解不同年龄及有特殊需要的小学生身心发展特点和规律，掌握保护和促进小学生身心健康发展的策略与方法。 22. 了解不同年龄小学生学习的特点，掌握小学生良好行为习惯养成的知识。 23. 了解幼小和小初衔接阶段小学生的心理特点，掌握帮助小学生顺利过渡的方法。 24. 了解对小学生进行青春期和性健康教育的知识和方法。 25. 了解小学生安全防护的知识，掌握针对小学生可能出现的各种侵犯与伤害行为的预防与应对方法。
	（六）学科知识	26. 适应小学综合性教学的要求，了解多学科知识。 27. 掌握所教学科知识体系、基本思想与方法。 28. 了解所教学科与社会实践、少先队活动的联系，了解与其他学科的联系。
	（七）教育教学知识	29. 掌握小学教育教学基本理论。 30. 掌握小学生品行养成的特点和规律。 31. 掌握不同年龄小学生的认知规律和教育心理学的基本原理和方法。 32. 掌握所教学科的课程标准和教学知识。
	（八）通识性知识	33. 具有相应的自然科学和人文社会科学知识。 34. 了解中国教育基本情况。 35. 具有相应的艺术欣赏与表现知识。 36. 具有适应教育内容、教学手段和方法现代化的信息技术知识。
专业能力	（九）教育教学设计	37. 合理制订小学生个体与集体的教育教学计划。 38. 合理利用教学资源，科学编写教学方案。 39. 合理设计主题鲜明、丰富多彩的班级和少先队活动。
	（十）组织与实施	40. 建立良好的师生关系，帮助小学生建立良好的同伴关系。 41. 创设适宜的教学情境，根据小学生的反应及时调整教学活动。 42. 调动小学生学习积极性，结合小学生已有的知识和经验激发学习兴趣。 43. 发挥小学生主体性，灵活运用启发式、探究式、讨论式、参与式等教学方式。 44. 发挥好少先队组织生活、集体活动、信息传播等教育功能。 45. 将现代教育技术手段整合应用到教学中。 46. 较好使用口头语言、肢体语言与书面语言，使用普通话教学，规范书写钢笔字、粉笔字、毛笔字。 47. 妥善应对突发事件。 48. 鉴别小学生行为和思想动向，用科学的方法防止和有效矫正不良行为。

续表

维度	领域	基 本 要 求
专业能力	（十一）激励与评价	49. 对小学生日常表现进行观察与判断，发现和赏识每一位小学生的点滴进步。 50. 灵活使用多元评价方式，给予小学生恰当的评价和指导。 51. 引导小学生进行积极的自我评价。 52. 利用评价结果不断改进教育教学工作。
	（十二）沟通与合作	53. 使用符合小学生特点的语言进行教育教学工作。 54. 善于倾听，和蔼可亲，与小学生进行有效沟通。 55. 与同事合作交流，分享经验和资源，共同发展。 56. 与家长进行有效沟通合作，共同促进小学生发展。 57. 协助小学与社区建立合作互助的良好关系。
	（十三）反思与发展	58. 主动收集分析相关信息，不断进行反思，改进教育教学工作。 59. 针对教育教学工作中的现实需要与问题，进行探索和研究。 60. 制定专业发展规划，积极参加专业培训，不断提高自身专业素质。

三、实施建议

（一）各级教育行政部门要将《专业标准》作为小学教师队伍建设的基本依据。根据小学教育改革发展的需要，充分发挥《专业标准》引领和导向作用，深化教师教育改革，建立教师教育质量保障体系，不断提高小学教师培养培训质量。制定小学教师准入标准，严把小学教师入口关；制定小学教师聘任（聘用）、考核、退出等管理制度，保障教师合法权益，形成科学有效的小学教师队伍管理和督导机制。

（二）开展小学教师教育的院校要将《专业标准》作为小学教师培养培训的主要依据。重视小学教师职业特点，加强小学教育学科和专业建设。完善小学教师培养培训方案，科学设置教师教育课程，改革教育教学方式；重视小学教师职业道德教育，重视社会实践和教育实习；加强从事小学教师教育的师资队伍建设，建立科学的质量评价制度。

（三）小学要将《专业标准》作为教师管理的重要依据。制定小学教师专业发展规划，注重教师职业理想与职业道德教育，增强教师育人的责任感与使命感；开展校本研修，促进教师专业发展；完善教师岗位职责和考核评价制度，健全小学教师绩效管理机制。

（四）小学教师要将《专业标准》作为自身专业发展的基本依据。制定自我专业发展规划，爱岗敬业，增强专业发展自觉性；大胆开展教育教学实践，不断创新；积极进行自我评价，主动参加教师培训和自主研修，逐步提升专业发展水平。